Josef G. Cascales

Lebensfülle: Liebe, Freude, Freiheit

Josef G. Cascales

Lebensfülle

Liebe, Freude, Freiheit

Hermagoras Verlag
Wien / Klagenfurt

2. erweiterte Auflage

Haus Claret
1080 Wien, Bennogasse 21, Tel. 405 53 18

Entwurf des Umschlages, Illustration: Johannes Pumhösl
Druck: St. Hermagoras-Druckerei, 9073 Viktring,
Adi-Dasslergasse 4

Printed in Austria
ISBN 3-85013-667-1

All denen
besonders gewidmet,
die immer noch fragen,
weil sie wissen,
was Sehnsucht ist.

EIN IDEAL

***Lieben,
geliebt
werden,
im Dienste
der Liebe
leben.***

Thérèse de Lisieux

EINE AUFGABE

***Das schönste
Geschenk
an den
Menschen
ist . . .
die Freude.***

Vauvenargues

EIN EINSATZ

***Mit dem
Evangelium
befreien –
damit die
Menschen
echt frei
werden***

Bibel

Das Trilogion „Liebe, Freude, Freiheit“, das Pater Josef G. Cascales zum Zentrum seiner Verkündigung machte, hat bereits tausende Menschen bewegt und begeistert. Nun erscheint das Buch: „Lebensfülle: Liebe, Freude, Freiheit“ bereits in zweiter Auflage. Es ist ein Kleinod theologischer Ver-Dichtung der zentralen Botschaft des Evangeliums. Pater Josef, der seit über vierzig Jahren in Österreich lebt, hat entsprechend dem Grundsatz seines Ordensgründers, des hl. Antonius M. Claret, das Schriftenapostolat zu einer seiner zentralen Lebensaufgaben gemacht. Bereits seine erste Schrift, der „Bund der Freundlichkeit“, sprühte von so erfrischendem Humor und so warmer Herzlichkeit, daß sie aus allen damaligen Formen der Verkündigung der „Frohen Botschaft“ herausragte. Seither hat die Gesamtauflage seiner Schriften fast zwei Millionen erreicht.

Im Zentrum seiner Verkündigung steht immer wieder die Botschaft von der erfüllenden, beglückenden Liebe Gottes, die Pater Josef mit seiner ihm eigenen Begeisterung verbreitet, und die ihn seit einem Schlüsselerlebnis in seiner Jugend zutiefst bewegt. Mit großen Theologen unserer Zeit verbindet ihn diese Spiritualität. „Liebe, Freude, Freiheit“, sagte P. Häring beim Erhalt dieses Buches, „das sind ja unsere gemeinsamen Ideale“.

Die Worte von der Gottes- und Nächstenliebe begeistern die meisten Menschen heute kaum mehr. Die Gesellschaft ist der immer gleichklingenden, mahnenden Worte müde geworden, bis sie diese Botschaft schließlich vergessen hat.

Diese Zeit des Wertewandels, in der man allerorts Ideologieverlust beklagt, und die Frage nach Sinnerfüllung stellt, ist dennoch gekennzeichnet von einer tiefen Sehnsucht. In diesem Buch kann man Antwort finden auf die vielen, meist ungelösten Fragen, z. B. nach den Wurzeln der Liebe, der Bedeutung von Treue und Freundschaft.

Freude, das tiefe Wissen um Sinnhaftigkeit, gehört ebenfalls zu den Leitideen einer christlichen Spiritualität, die Menschen aufhorchen läßt.

Psychologen und Therapeuten wissen längst, wie sehr die Menschen heute die Geborgenheit und ein Glücksgefühl vermissen, das manche mit neuen Worten wie Flow bezeichnen. Aber sie wissen kaum, es zu vermitteln. Sie können die Ängste kaum mildern, die sich aus den vielen Sachzwängen ergeben, die unsere Gesellschaft bedrängen.

Die frohe Botschaft der Freiheit, der Offenheit und Weite für das Gute und Schöne, die uns in diesem Werk entgegenstrahlt, ist für so viele Christen etwas Neues, Unfaßbares, etwas, das entdeckt und weitergegeben werden will. Hier scheint die Kraft des Christentums nochmals aufzuleuchten, die manche verloren glauben. Zu dieser Kirche der Liebe, Freude und Freiheit können auch solche Menschen gehören, die es schwer haben, sich mit ihr zu identifizieren.

Aus eigener Erfahrung dieser „neuen Botschaft" wünsche ich diesem Werk eine große Verbreitung.

*Elisabeth Seidl**

* Dr. Elisabeth Seidl ist Dozentin für Soziologie der Pflege

INHALTSVERZEICHNIS

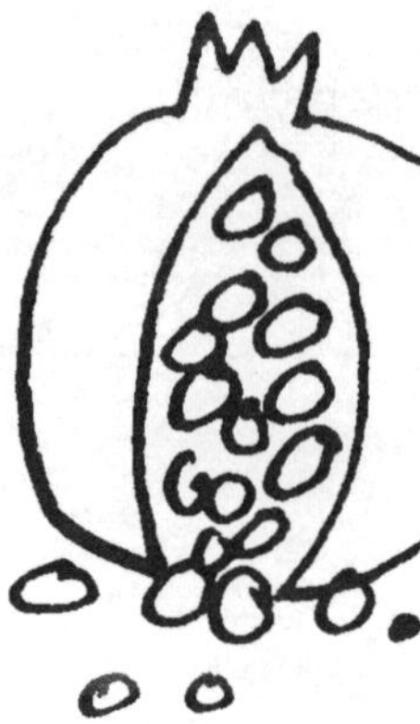

Wahre Liebe

ES IST DIE LIEBE

Was macht einen Menschen groß,
zum Wunder der Schöpfung,
gefällig in den Augen Gottes?

Was macht einen Menschen stark,
stärker als die ganze Welt?

Was macht ihn schwach,
schwächer als ein Kind?

Was macht einen Menschen hart,
härter als den Fels?

Was macht ihn weich, weicher als das Wachs?
Es ist die Liebe.

Was überlebt alles?
Es ist die Liebe.

Was kann genommen werden,
nimmt aber selber alles?
Es ist die Liebe.

Was kann gegeben werden, gibt aber alles?
Es ist die Liebe.

Was tröstet, wenn aller Trost versagte?
Es ist die Liebe.

Was überdauert, wenn alles wechselt?
Es ist die Liebe.

Was bleibt, wenn das Vergängliche vergeht?
Es ist die Liebe.

Was zeugt, wenn Prophetie verstummt?
Es ist die Liebe.

Was erlischt nie, wenn Gesichte schwinden?
Es ist die Liebe.

Was erhellt, wenn dunkler Rede Sinn zu Ende?
Es ist die Liebe.

Was segnet den Überfluß der Gaben?
Es ist die Liebe.

Was gibt der Engel Rede Nachdruck?
Es ist die Liebe.

Was wandelt der Witwe Schärflein im Überfluß?
Es ist die Liebe.

Was macht des Einfältigen Rede weise?
Es ist die Liebe.

Was ändert sich niemals, wenn alles sich ändert?
Es ist die Liebe.

Sören Kierkegaard

Was ist die Liebe?

„Von dem, der verliebt ist, wird gesagt, daß sein Herz geraubt und entrückt ist durch den, den er liebt, weil der Verliebte außer sich im Geliebten lebt . . .“

Johannes vom Kreuz

1.
Die Liebe ist beglückendes Geheimnis

Die Liebe ist Geheimnis.
Geheimnis aber der unendlichen Größe,
der befreienden Weite,
der gesunden Geborgenheit.
Das Geheimnis der Liebe
trägt das Leben und die Ewigkeit des Menschen.
Es hat seine Bedeutung,
in das Geheimnis der Liebe einzudringen.
Entscheidend ist,
sich dem Geheimnis der Liebe auszuliefern.
Nirgendwo ist so viel Klarheit und Licht,
wie im Geheimnis der Liebe.
Nirgendwo ist der Weg so sicher,
wie durch das Geheimnis der Liebe.

2.
Der Same der Liebe wird uns geschenkt

Der Mensch ist
Sehnsucht nach der unendlichen Liebe.
Der Same der Liebe wird uns eingesenkt.
Das ist schon der Anfang der Liebe:
„Gott, du hast uns für dich geschaffen,
und unruhig wird unser Herz herumirren,
bis es in dir die Ruhe findet“ (AUGUSTINUS).

3.
Lieben heißt suchen

Die Sehnsucht nach dem Unendlichen
treibt den Menschen dazu, zu suchen.

„Die Bekehrung besteht darin,
aus dem Ich herauszuziehen,
um an die Tür des Du zu klopfen“ (ALBERT CAMUS).
In der Liebe ist alles Liebe:
„Du würdest mich nicht suchen,
wenn du mich nicht gefunden hättest“ (A. VINET).

4.

Der Funke der Liebe

Das freudige Entdecken des Gegenstandes der Liebe
läßt den Funken springen.
Der Funke entzündet ein loderndes Feuer,
wenn auf die Entdeckung
„die Erfahrung“ der Liebe folgt.

5.

Wer bewundern kann, kann lieben

Prüfstein der echten Liebe ist die Bewunderung.
Um zu bewundern,
muß man Sinn haben für das Große,
für das Gute,
für das Schöne,
für das Edle.
Um immer zu bewundern,
muß man die Reife haben,
das Wertvolle immer als neu zu entdecken.
In der Bewunderung
Ja mit allen Konsequenzen zu sagen,
das ist das Tor zum Heiligtum der Liebe.
Der Liebende,
der geliebt werden will,
wird sich auch wert der Bewunderung machen.
Und die Liebe bewundert das Edle.

„Liebe heißt das Bewußtsein meiner Einheit mit einem anderen, so daß ich für mich nicht isoliert bin, sondern mein Selbstbewußtsein nur als Aufgebung meines Fürsichseins gewinne.“

G. W. F. Hegel

6.

Das Begehren der Liebe ist anders

Der Bewunderung folgt von selbst das Begehren.
Es ist weit verfehlt,
das Begehren der Liebe zu verwechseln
mit Erobern-, Besitzen-, „Haben"-Wollen.
Das Begehren der Liebe ist Sehnsucht!
Sehnsucht ist Hingabe.

7.

Liebe ist Hingabe

Liebe ist Hingabe.
Hingabe ist Gabe von sich selbst.
Nur wer sich selbst geistig besitzt,
kann sich selbst verschenken, hingeben.
Wo Geist ist, da ist Liebe – „Hingabe" – möglich!

„Liebe ist ein Auszug aus allen Leidenschaften auf einmal."

Jean Paul

8.

Rebellion oder Hingabe?

Der Mensch trägt in sich
die Sehnsucht nach dem Unendlichen.
Zwei Wege sieht er, um dahin zu gelangen:
Unendlich sein wollen im eigenen Namen.
Das ist Raub, Stolz.
Oder im Ja zum Unendlichen!
Das ist die Liebe!
Liebe ist,
sich durch die Hingabe bis zum Unendlichen,
bis zum größten Geheimnis,
emporschwingen.
Hingabe ist geistige Einheit.
Die endgültige Hingabe ist die ewige Einheit.

9.
Halb lieben?

Vorläufige Liebe kränkelt.
Halbe Liebe ist ganzer Egoismus.
So ist die Dynamik der Liebe:
entweder zielt sie auf das Ganze,
oder sie ist krank und verkümmert.

10.
Die Vollendung: die Freude

In der Liebe ist die Vollendung.
Die Liebe ist Vollendung.
In der Vollendung ist das ganze Glück
und die Fülle der Freude.
Die Freude zeigt die Vollendung der Liebe an.

11.
„Wie ein schöner Baum"

„Die Liebe ist wie ein schöner Baum,
dessen Wurzel die Hinneigung
des Herzens zum Guten ist;
sein Fuß das Wohlgefallen;
sein Stamm das Hinstreben;
all das Suchen, Bemühen und sonstige Ringen
hinzugelangen,
sind die Äste;
die Vereinigung und die Freude . . . das ist die Frucht."

(Franz von Sales,
„Abhandlung über die Gottesliebe",
1. Buch, 7. Kapitel)

„Du suchst die Freude in der Welt um dich herum. Weißt du nicht, daß die Freude nur aus der Tiefe des Herzens wachsen kann?"

Rabindranath Tagore

„Die Liebe ist der Endzweck der Weltgeschichte und das Amen des Universums.“

Novalis

12.

Das Herz

„Auf das Herz kommt es an!“
Auf das Herz hat es auch Gott abgesehen.
Das Herz ist „die Mitte“ der Person:
die Bündelung der körperlich-seelisch-geistigen Kräfte.
Das Herz ist das Ergebnis der ganzen Person.
Alles im Menschen strebt zusammen
zu einem einheitlichen Pulsieren: Lieben.
Im Herzen ist der ganze Mensch.
Das ganze Leben des Menschen
zielt auf das Leben des Herzens.
Wer liebt, ist in Gott, und Gott ist in ihm.

13.

„Gebot der Gebote“

Herz ist die ganze Person in Aktion.
Wer Gott und den Menschen das Herz,
die Liebe gibt,
hat alles gegeben.
Wenn Liebe ein „Gebot“ ist,
dann ist dieses das Gebot der Gebote,
in dem alle enthalten sind.
„Liebe, und tue, was du willst - Dilige et fac quod vis“
(AUGUSTINUS).

14.

Dialog der Liebe

Religion ist die Verbindung des Menschen mit Gott.
Religion ist
Begegnung der göttlichen Liebe
mit der menschlichen Liebe.
Religion ist
Dialog der Liebe

zwischen Gott und den Menschen
- und der Menschen miteinander in Gott.
Die positive Religion sucht
die letzte Antwort auf die letzte Frage!
Die letzte Frage ist die Frage nach der Fülle der Liebe.
Die letzte Antwort ist die ganze Fülle der Liebe
und deshalb des Lebens.

15.

Die Liebe ist die Vollendung

„Der Mensch ist die Vollendung des Alls,
der Geist die Vollendung des Menschen,
die Liebe die Vollendung des Geistes
und die göttliche Liebe die Vollendung der Liebe.
Daher ist die göttliche Liebe Ziel,
Vollendung und Krönung des Weltalls"
(FRANZ VON SALES).

„Das eben ist der Liebe Zaubermacht . . ."

J. W. Goethe

Wahre Liebe

„Die Liebe ist vielleicht
der höchste Versuch, den die Natur macht,
um das Individuum aus sich heraus
zu dem anderen hinzuführen.
Im Wunsch suche ich,
den Gegenstand zu mir zu ziehen.
In der Liebe werde ich
zu ihm hingezogen.“

Ortega y Gasset

Bedeutung der Liebe

16.

Die Liebe ist die Vollendung des Menschen

Der Mensch ist geschaffen,
um zu lieben und geliebt zu werden.
In der Liebe liegt deshalb seine Vollendung.
Hier, wo es entscheidend ist,
gibt es keine Minderbegabung,
denn jeder kann sich ganz hingeben.

17.

„Ganzes"

Weder Gescheitheit
noch Geschicklichkeit
noch Gelehrsamkeit
machen den Menschen zum ganzen Menschen.
Das alles ist gut, aber Stückwerk
- oft ein gefährliches Stückwerk!
Nur in der Liebe entsteht „Ganzes".

„Die Liebe ist vor allem ein Lauschen im Schweigen."

Antoine de Saint-Exupéry

18.

Nur die Liebe zählt

Der Mensch wird seinem eigenen Wesen gerecht,
wenn er liebt.
„Am Abend des Lebens wird man uns nur
nach der Liebe fragen" (JOHANNES VOM KREUZ).

19.

Die Wirkung der Liebe

Die große und gute Macht
im Himmel und auf der Erde
ist die Liebe:

- in ihrer Umgebung ist Wärme und Glück;
- sie fördert die Gesundheit von Leib und Seele;
- sie gibt Schwung und Begeisterung;
- sie erhellt das Dunkle;
- sie regt die Kräfte im Menschen an;
- sie bringt Freude und Fröhlichkeit auf;
- sie ruft - wenn nötig - Heldenkraft hervor;
- sie gibt dem Leben den Sinn;
- „sie ist stark wie der Tod" (HL 8, 6);

„Brüder, verachtet nicht die Menschen ihrer Sünden wegen; liebt sie, auch wenn sie Sünder sind, denn eine solche Liebe macht uns Gott ähnlich."

Fjodor M. Dostojewskij

20.

Ein Leben ohne Liebe ist sinnlos

- Pflicht ohne Liebe macht verdrießlich.
- Verantwortung ohne Liebe macht rücksichtslos.
- Gerechtigkeit ohne Liebe macht hart.
- Klugheit ohne Liebe macht gerissen.
- Freundlichkeit ohne Liebe macht heuchlerisch.
- Ordnung ohne Liebe macht kleinlich.
- Ehre ohne Liebe macht hochmütig.
- Besitz ohne Liebe macht geizig.
- Glaube ohne Liebe macht fanatisch.

Darum ist ein Leben ohne Liebe sinnlos.

(ECCLESIA-BILDPREDIGT)

- sie wirkt anziehend;
- „sie deckt alle Verfehlungen zu“ (SPR 10, 12);
- sie kann alle Sakramente ersetzen,
  und ohne sie hilft kein Sakrament;
- sie rettet ohne Kirche,
  aber die Kirche rettet nicht ohne sie.

„Wer die anderen liebt, steht fest
und führt ein lichtvolles Leben“
(1 JOH 2, 10).

21.

Ein Leben aus Liebe ist Gnade

- Pflicht mit Liebe
  macht Freude.
- Verantwortung mit Liebe
  macht feinfühlig.
- Gerechtigkeit mit Liebe
  macht verständnisvoll.
- Klugheit mit Liebe
  macht offen.
- Freundlichkeit mit Liebe
  macht glücklich.
- Ordnung mit Liebe
  macht frei.
- Ehre mit Liebe
  macht normal.
- Besitz mit Liebe
  macht die Neue Erde.
- Glaube mit Liebe
  macht human-tolerant.

***Darum ist
ein Leben
aus Liebe
Gnade,
die der Gnade
widerfährt.***

(CHRISTA SOPHIE)

„Die Fähigkeit zu lieben und zu bewundern ist der Ausgangspunkt, um die Größe der auserwählten Seelen zu messen.“

Thomas Carlyle

Gefahren der Liebe

22.
Eros - Philia - Agape

Freude am Schönen und Guten gehört zur Liebe.
Freude am Schönen und Guten
– „Eros" –,
die nicht in Hingabe mündet oder zu finden ist,
wird zur Gefahr!
Eros kann egozentrisch und egoistisch werden.
Menschenwürdig ist die Freundschaft,
sie ist die vollendete Liebe.
Die Verbundenheit von Personen
verwirklicht die Liebe.
Doch der Mensch ist nicht
„im Menschlichen" eingeschlossen.
Eine rein im Menschlichen gefangene Freundschaft
– Philia –
birgt in sich die Gefahr der Begrenzung
und deshalb auch der Enttäuschung.
Nur in der Weite des „Unendlichen"
ist für den Menschen „Fülle".
– Agape –
Liebe wegen Liebe – das ist die Liebe!

„Die Liebe ist der Wunsch, geliebt zu werden."

Jean Giraudoux

23.
Kopf und Herz

„Nüchtern",
nur mit Verstand, nur „innerlich" lieben wollen,
ist entweder keine Liebe,
oder sehr unreife Liebe,
oder eine große Gefahr für die Liebe.
Kopf ohne Herz

läßt das Menschenleben zu einer Wüste,
das Gemüt ohne Kopf
läßt es zu einem Wildwuchs werden.
Verstand und Herz,
Inneres und Äußeres
sind unentbehrlich für die Liebe.

24.
Berechnung oder Wagnis?

Das Herz will nichts von kalter Berechnung wissen.
Die Klugheit,
die auf keinen Fall „verlieren" will,
die kein Wagnis kennt,
ist nicht die Klugheit des Herzens.
Liebe hat mit ängstlicher Berechnung nichts zu tun.
„Das Herz hat seine Gründe,
die der Kopf nicht erfassen kann" (PASCAL).

25.
Gemüt und Gefühl

Für viele Menschen gilt als Seismograph der Liebe
das Gemüt oder das Gefühl.
Sie halten immer wieder
die Bewegungen des Gemütes oder das Gefühlvolle
für eine lebendige Liebe.
Die Schwankungen des Gemütes und des Gefühles
verraten schon,
daß sie nicht in sich selbst Liebe sind.
Gemüt und Gefühl
unterstehen nicht immer dem Geist.
Die Liebe sucht
die unerschütterliche Festigkeit des reifen Geistes.

„Die Zeit unseres Aufenthaltes auf der Erde ist nur dafür da, das Lieben zu lernen."

Carlo Carretto

„Liebe ist kein Solo. Liebe ist ein Duett. Schwindet sie bei einem, verstummt das Lied.“

Adalbert von Chamisso

26.

Liebe als Unterhaltung?

Ein italienischer Spruch sagt:
„L'amore fa passare il tempo;
il tempo fa passare l'amore“.
„Die Liebe vertreibt die Zeit.
Die Zeit vertreibt die Liebe“.
Die Liebe ist nicht Zeitvertreib,
auch wenn Tausende und Millionen
es behaupten
und sich danach verhalten.
Liebe „als Unterhaltung“ ist Liebe ohne Halt.

27.

Begrenzte Liebe?

Halbes Herz ist kein Herz.
Es gehört zur Natur der Liebe,
auf das Ganze zu gehen.
Auch „Liebe auf Zeit“ ist keine Liebe.
Es ist schon traurig genug,
daß so mancher Liebende
von der Zeit verbraucht wird.
Der ewig begeisterten Liebe fehlt die Zeit!

28.

Nur schöne Worte?

Liebe, die über schöne Worte nicht hinauskommt,
ist nur Scheinliebe.
Wo keine echte Bereitschaft,
keine Tat,
kein Opfer,
kein Wagnis,
da ist entweder nie Liebe gewesen
oder sie hat bereits die galoppierende Schwindsucht.

Die Liebe ist Dynamik.
Wer liebt, tut, was die Liebe eingibt,
und sie gibt viel ein!

29.

Die Liebe hört und spricht

Eine Liebe, die stumm wird, ist gefährdet.
Die Sprache der Liebe ist Nahrung der Liebe.
Die Liebe braucht
die reiche und kostbare Speise der Kommunikation.
Wie das Feuer ohne Luft erstickt,
so geht die Liebe ein,
die mit ihren Flammen nicht durchbricht
und sich nicht zeigt.
Zum Feuer gehört es,
zu wärmen,
Licht zu geben
und alles Brennbare anzuzünden, was es berührt.
Zum Wesen der Liebe gehört es,
glücklich zu machen,
dem Leben den Sinn zu geben,
alle anzustecken, die fähig der Liebe sind.
Keine Liebe ohne Stimme.
Keine Stimme der Liebe ohne Echo!
Für die Liebe ist die Wüste der Geistlosigkeit tödlich.

30.

Liebe verträgt die Lüge nicht

Ein falscher Gegenstand der Liebe,
ein Gegenstand der Liebe im falschen Licht gesehen,
verfälscht die Liebe selbst.
Einer solchen Träumerei folgt das nüchterne
und schmerzliche Erwachen.
„Träume sind Schäume“,
und Liebe ist die Fülle.

„Liebe ist ein Glas, das zerbricht, wenn man es zu unsicher oder zu fest faßt.“

Russisches Sprichwort

Wer mit Geist, mit Herz,
mit reinen Augen liebt,
liebt alles in Gott und Gott in allem.
Die Liebe überschätzt und unterschätzt nichts.
Die Liebe schätzt alles hoch.

31.

Bedingt lieben?

Liebe mit Bedingungen ist keine Liebe mehr;
Bedingungen sind Grenzen.
Die Liebe gibt alles,
sie gibt ohne Einschränkung,
sie gibt sich selbst,
sie gibt mit Freude.
Die Gabe zeigt die Hingabe.
Wie die Gabe,
so die Hingabe . . . und umgekehrt.

„Liebe, die etwas sucht außer der Offenbarung des eigenen Mysteriums, ist nicht Liebe, sondern ein ausgeworfenes Netz: und nur das Wertlose wird darin gefangen."

Kahlil Gibran

32.

Liebe ohne Wurzeln?

Die Liebe ist nur gesund,
wenn sie tiefe Wurzeln hat.
Die vollendete Liebe schlägt ihre Wurzeln
in die letzte Tiefe.
Liebe, Wahrheit, Sein bilden ein einziges Wesen.
Liebe ist schließlich das Ja zu jeder Wirklichkeit
in der absoluten und wegen der absoluten Wirklichkeit.
Liebe ohne Geist gibt es nicht.
Den Geist pflegen bedeutet, die Liebe vertiefen.

33.

Verknöchertes macht Einheit unmöglich

Hartnäckigkeit und Starrsinn,
Rechthaberei und Unnachgiebigkeit,

Intoleranz und Verständnislosigkeit
sind Verknöcherungen,
die jede Einheitsbildung unmöglich machen.
Wer sich durch Unvollkommenheiten und Versagen
mit viel Verständnis den Weg zur Begegnung bahnt,
ist unterwegs zur Einheit der Liebe.

34.

Faule Passivität weiß nichts von Liebe

Offenheit für die Gabe der Liebe
ist alles andere als tote Passivität.
Die Antwort auf die Liebe
ist die tiefgreifendste Aktivität.
Liebe ist aktive Hingabe an den Geliebten.
Faule Bequemlichkeit
ist intensive passive Pflege des Egoismus.

Die Liebe ist das Genie des Armen.

Jean Paul Sartre

35.

Neid zersetzt die Liebe

Kein Mensch auf dieser Welt ist vor Neid sicher.
Der Neid wird „schwarz" genannt,
denn er nimmt als Grund zur Traurigkeit,
was ein Grund zur Freude ist.
Der Neid läßt sich kaum
mit Vernunftgründen überwinden.
Der Neid muß von einer Liebe überwunden werden,
die sich selbst
restlos und ohne Vorbehalt hinopfern will.
Der Neid wird von der Großherzigkeit überwunden,
die das Gute
immer als Grund zur Freude nimmt
und alle Schwächen zu übersehen weiß.

„Die Welt braucht den menschlichen harmonischen Atem. Wir, alle Menschen, müssen uns gegenseitig als Menschen anerkennen – als Geschwister – in der Utopie des Glaubens."

Bischof P. Casaldáliga

36.

Die Romantik kann den Geliebten übersehen und vergessen

Romantik ist schön:
Geist und Phantasie ersetzen und vollenden,
was die Wirklichkeit reichlich unvollkommen anbietet.
Romantik ist eine Gefahr für die Liebe,
wenn sie erwartet und verlangt,
daß die Wirklichkeit
dem selbstgezimmerten Bild entspricht.
Die Wünsche und die Wirklichkeit
zu einer Einheit werden zu lassen,
das ist die Kunst des Lebens ... und der Liebe.

37.

Verdächtigen ist Attentat auf die Liebe

Im Partner der Liebe
dunkle Stellen zu vermuten,
ihn verdächtigen,
wird die Liebe ersticken.
Die reife Liebe wird entweder nicht verdächtigen
oder mutig und offen Klarheit schaffen.

38.

Isolierung ist Ferne der Liebe

Einsamkeit als freier Raum für den Geist ist gut.
Einsamkeit als Beziehungslosigkeit ist Ferne der Liebe.
Die totale Beziehungslosigkeit ...
das ist die Hölle.

39.

Besitz statt Hingabe ist Egoismus

Sein mit Haben zu verwechseln,
das ist die Tragödie der Liebe . . .
Viele Menschen erleben Schiffbruch
im Leben und in der Liebe,
weil sie haben wollen
und vergessen, zu sein:
nicht das Du zu besitzen ist Liebe!
Liebe ist, eins mit dem Du zu sein.

40.

Lieben, um zu empfangen, ist vorgetäuschte Liebe

Wenn die Liebe Hingabe ist,
dann wird sich die Liebe vergessen.
Wer traurig ist,
weil er gibt, aber nichts empfängt,
der prüfe seine Liebe.
Es gehört zur Liebe und zur Freundschaft
zu geben und zu empfangen,
aber nicht das Geben,
um zu empfangen.

41.

Übersehen läßt die Liebe erkalten

Liebe
– vor allem in ihrer schönsten Verwirklichung:
in der Freundschaft –
ist Aufruf zur Aufmerksamkeit.
Deshalb: Jeder Mangel an Aufmerksamkeit
kann ein Schlag gegen die Liebe sein.

***Ich möchte sein ...
Ein Wort der Liebe, das entwaffnet!
Ein heilender Tau für den Drogensüchtigen!
Ein Gitterstab weniger für den Gefangenen!
Ein goldener Knopf im Slum!
Ein warmer Wind in Sibirien!
Ein feiner Regen im Sahel!***

Gebet des Association des Fraternités catholiques des malades et handicapés. Nimes

42.
Unkontrollierte Laune kann die Liebe verdunkeln

Die Liebe ist auf alle Kräfte im Menschen angewiesen.
Eine richtige Störung für die Liebe können
Laune und Stimmung werden.
Wenn Stimmung und „Laune“
aus der Liebe und für die Liebe sind,
sollen sie uns willkommen sein,
dann darf die Liebe auch keine Augen für sie haben.
Die Liebe wird jedenfalls erhaben
über Laune und Stimmung bleiben.

43.
Egozentrismus ist die umgekehrte Richtung der Liebe

Ichsucht, Egozentrismus, Egoismus
sind tragische Worte in der menschlichen Sprache.
Egozentrismus ist
der Inbegriff aller Gefahren und Feinde der Liebe.
Der Mensch ist erst Mensch
in der Beziehung zum Du!
Die Augen, das Herz, die Sorgen
auf das „Ich“ umzukehren, heißt „Perversion“,
und auf diese „Perversion“ folgt
Unzufriedenheit, Unausstehlichkeit,
Zersetzung der Person, der Freundschaft
und der Gemeinschaft.

„Befreie dich, geh aus dir hinaus. Draußen ist Frühling! Öffne dich dem Licht wie eine Blume. Geh hinaus in die Natur zum Leben, zu den Menschen.“

Phil Bosmans

Pflege der Liebe

44.

Die Liebe braucht Licht

„Blinde Liebe" ist ein Abgrund!
„Herz ohne Kopf macht böses Blut" (GOETHE).
Das Erfassen des Geliebten
mit unserer ganzen Person,
um mit unserer ganzen Person
„Ja" zu ihm sagen zu können,
das ist die ständige Pflege der Liebe.

45.

Kontakt und Dialog sind Atem und Nahrung der Liebe

Die Liebe wächst mit der Begegnung.
Die Liebe wächst mit der Anwesenheit des Geliebten.
Kontakt und Dialog sind Atem der Liebe.
Das geistbegabte Wesen
kann aus allem einen Treffpunkt der Liebe machen.
Für den Geist gibt es
keine unüberwindlichen Entfernungen.
Wer sich nach der Begegnung mit dem Geliebten
von Angesicht zu Angesicht nicht sehnt,
liebt entweder nicht echt
– oder wird bald nicht mehr lieben.
Doch wer liebt,
sucht die Begegnung bis zur Umarmung!

46.

Zeichen zeigen und bewirken Liebe

Liebe will Liebe erwecken.
Liebe ist Frage, die Antwort ersehnt.
Die Liebe wird am besten

„Wußten sie schon, daß die Nähe eines Menschen gesund machen, krank machen, tot und lebendig machen kann?"

Wilhelm Willms

durch die Zeichen der Liebe entfacht.
Jedes Zeichen der Liebe
ist die Liebe selbst,
die sich zur Gabe verwandelt.
Jede Gabe der Liebe ist ein Zeichen der Liebe,
mit dem sie sich spürbar und wirksam macht.
Jedes Zeichen der Liebe,
jede Gabe der Liebe,
ist gewirkte und wirkende Hingabe.
In den Zeichen als Gabe der Liebe
liegt auch das Elixier
gegen jede Krise der Liebe.

„Schenken ist ein Brückenschlag über den Abgrund deiner Einsamkeit."

Antoine de Saint-Exupéry

47.

Durch die Zeichen bis zur „Ekstase"

Wer lange und intensiv
die Liebe durch die Zeichen pflegt,
merkt schließlich,
daß die Zeichen so gewirkt haben,
daß sie selbst eine Störung werden können.
Lang und tief erfahrene Liebe
wird zum direkten Erlebnis.
Das ist Ekstase, Entrückung.
Je direkter und tiefer die Liebe erlebt wird,
desto beseligender die Ekstase.

48.

Schenken, aber sich auch beschenken lassen

Die Gesetze der Liebe sind paradox:
Wer seine Liebe verschenkt, vermehrt sie.
Liebe mit offenem Herzen aufnehmen,
bedeutet Liebe schenken.

Das Gesetz der Liebe ist,
in jeder Situation unaufhörlich zu wachsen.

49.

Die Umarmung – Pflege und Verwirklichung der Liebe

„Das Ziel der Liebe ist kein anderes
als die Vereinigung des Liebenden
mit dem geliebten Wesen" (Franz von Sales).
Drückt die Umarmung
die Sehnsucht nach Vereinigung
nicht unzweideutig aus?
Ist die Umarmung schließlich nicht
die Verwirklichung der Liebe?
Und zu den tiefsten und schönsten Umarmungen
gehört die sexuelle Umarmung (in der Ehe).

50.

Durch den Kuß entzündet und vermehrt sich die Liebe

Die Liebe entzündet sich,
drückt sich aus
und vermehrt sich
erst recht durch den Kuß.
„Von jeher drängt es die Menschen
natürlicherweise dazu,
innige Liebe,
das heißt Herzensvereinigung,
durch den Kuß auszudrücken . . .
Im Kuß legen sich Lippe auf Lippe
zum Ausdruck des Verlangens,
seine Seele in die des anderen
so vollkommen zu ergießen,
daß beide zu einer einzigen verschmelzen"
(Franz von Sales).

„Küsse sind das, was von der Sprache des Paradieses übriggeblieben ist."

Joseph Conrad

51.

Menschliche Liebe braucht zum Überleben Verständnis

Liebe will Vollkommenheit,
doch sie verträgt Unvollkommenheit.
Auf dieser Welt haust die Liebe
zusammen mit viel Unvollkommenheit.
Soll die Liebe nicht untergehen,
muß man viel Verständnis
für die Schwächen des geliebten Wesens
und für die eigenen aufbringen.

„Der Mensch ohne Geduld ist wie eine Lampe ohne Öl."

Andrés Segovia

52.

Den Unvollkommenheiten zum Trotz

Nur nicht an den Unvollkommenheiten
bei sich oder bei den anderen hängen bleiben.
Die Liebe vermag viel zu übersehen.
Übersehen bedeutet,
den guten Willen,
den guten Kern des Geliebten so zu schätzen,
daß alles andere nebensächlich wird.

53.

Durch die Freude zur Liebe

Freude und Liebe sind sehr eng verbunden.
Keine echte Liebe ohne Freude.
Die reife Freude ist nicht denkbar
ohne Wärme der Liebe.
Doch die Freude ist auch die Sonne,
die die Liebe zum Blühen bringt.

54.
Das Leid kann die Liebe reinigen

Freude und Traurigkeit,
Leiden und Vergnügen
sind gegensätzlich.
Freude und Leid
sind nicht gegensätzliche Tatsachen.
Auch Leid kann im Dienste der Liebe stehen.
Freude bringt die Liebe zum Blühen,
Leid vertieft und reinigt sie.
Auch das Leiden zeigt auf,
ob wir uns echt hingegeben haben.
Auch das Leiden für die Liebe
kann zur völligen Hingabe bringen.

55.
Die beste Pflege der Liebe ist die Liebe selbst

Der beste Weg zur Liebe ist lieben.
Die beste Pflege der Liebe ist lieben.
Die Vollendung der Liebe ist lieben.

„Das Leiden ist die Feuerprobe des Geistes."

Marie Ebner-Eschenbach

Erlebte Liebe

„In der Freundschaft werden alle Gedanken, alle Wünsche und Erwartungen geboren und geteilt, ohne Worte, und mit einer Freude, die keines Beifalls bedarf.“

Kahlil Gibran

56.

Die Liebe im Leben ist auch komplex und konfliktreich

Die große „Inkarnation“ der Liebe
geschieht in der Gemeinschaft
und in der Freundschaft.
In der Existenz wird die Liebe komplex
und oft genug konfliktreich.
Die Liebe wird reif,
die sich den Konflikten stellt
und aus den Konflikten neue Stufen der Liebe macht.
Um alle Konflikte zu bewältigen,
braucht man oft übermenschliche Klugheit und Kraft!

57.

In der Liebe liegt immer der Keim der Freundschaft

Liebe kann ein abstraktes Wort bleiben.
Liebe ist erst Liebe, wenn sie konkrete Gestalt annimmt.
Nebeneinander leben,
sich gegenseitig hochschätzen
und sich einander „alles Gute“ wünschen . . .
mag ein Minimum an Liebe sein.
Die Dynamik der Liebe sucht Kontakt, Verbindung.
Die tiefe Liebe sucht Austausch, Kommunikation.
Die vollendete Liebe will volles Vertrauen,
Hingabe,
„kreisende Kommunion“,
Einheit, Identifikation.
Das ist Freundschaft!
In der Liebe liegt immer der Keim der Freundschaft.
Die Liebe ist Keim der Freundschaft.

58.

Die Liebe schafft Gemeinschaft

Der Mensch verwirklicht sich
nicht in der Gesellschaft allein,
sondern in der Gemeinschaft:
in der Familie, in der Gruppe, in der Freundschaft.
Der Christ wird durch das Evangelium
und durch „das Fest der Eucharistie . . .“
durch „das Brotbrechen“
in die Gemeinschaft,
in die Gruppe, in die Freundschaft
sakramental „eingeweiht“.

59.

In der Freundschaft vollendet sich die Liebe

Die ganze Schönheit der Liebe,
die ganze Macht der Liebe,
die ganze Vollendung der Liebe,
das ganze Glück der Liebe verwirklicht
und zeigt sich in der Freundschaft.
Die Freundschaft ist die Liebe,
die den Reichtum des Geistes – und damit alles –
zweier Menschen
in einem ständig fließenden
und immer bereichernderen Kreislauf
voneinander ineinander
ganz schenken und aufnehmen läßt!
Christus selbst scheint
eine Definition der Freundschaft zu geben, wenn er sagt:
„Ich habe euch Freunde genannt,
denn ich habe euch alles mitgeteilt,
was ich von meinem Vater gehört habe“ (JOH 15, 15).
Voraussetzung für die Freundschaft ist in der Liebe:
• Reichtum des Geistes,
• offener Geist, um zu schenken,

„Sollte die Freundschaft vom Leben verschwinden, wäre es dasselbe, wie wenn die Sonne ausgelöscht wird; denn wir haben nichts Besseres und nichts Freudigeres von den unsterblichen Göttern bekommen.“

Cicero

• offener Geist, um aufzunehmen,
• Fähigkeit,
das Aufgenommene geistig zu bereichern
und zurückzugeben.
Dafür ist notwendig:
• Interesse am Geistigen
– und damit und dadurch an allem –,
• Interesse am Freund (an der Freundin)
und an seinen (ihren) Anliegen,
• Einklang in der Liebe,
• Gleichschritt im Wachsen.
Schließlich besteht die Freundschaft
nicht so sehr darin,
sich gegenseitig anzuschauen,
sondern gemeinsam in dieselbe Richtung zu schauen,
wie Saint-Exupéry es treffend gesagt hat.

„Das Leben ist Liebe, genieße sie! . . . Das Leben ist eine Hymne, singe sie! . . . Das Leben ist Glück, mach dich seiner würdig!"

Sai Baba

60.

Wohlgefallen und Wohlwollen

Die Liebe des Wohlgefallens (complacentiae) ist da,
wo man bewundert und staunt,
weil man Schönes und Gutes
und Überwältigendes entdeckt . . .
da, wo die Erhabenheit des Unendlichen
sich widerspiegelt,
und der Mensch ahnend anbetet.
Die Liebe des Wohlwollens (benevolentiae) ist da,
wo man alles in ihrer Umarmung einschließt
und diese Umarmung im Alltag mit jedem verwirklicht,
der sie am meisten braucht!

61.

Glaube ist Liebe

Wer nicht liebt, hat Gott nicht erkannt.

Alle, die lieben, haben Gott erkannt.
Wer liebt, ist aus Gott geboren und kennt Gott.
(SIEHE 1 JOH 4, 7)

62.
Die Liebe als Hoffnung

Die Liebe von heute
kann die Liebe von gestern übertreffen!
Die Liebe von heute
kann durch die Liebe von morgen übertroffen werden!
Immer in der Liebe zu wachsen,
das ist die Hoffnung!
Es gehört zur Liebe,
ungeduldig in der Geduld
und geduldig in der Ungeduld zu sein.
Die Liebe sehnt herbei und ist zuversichtlich.

„Die Hoffnung macht die Türen auf, die die Verzweiflung zuschlägt."

James Keller

63.
Klugheit ohne Liebe?

Klugheit ohne Liebe kann nur kalte Berechnung sein!
Echte Liebe wird immer die besten Wege suchen!
Es ist wahr,
daß man mit den Augen des Herzens am besten sieht!
Das Leben zeigt, daß die Gründe des Herzens,
die der Kopf nicht immer erfassen kann,
besser helfen.
„Wo Glück und Segen soll'n gedeih'n,
muß Kopf und Herz beisammen sein" (SCHILLER).
Die Klugheit braucht alle Tugenden.
Doch das Herz holt leichter den Kopf,
als der Kopf das Herz herbei.

64.

Gerechtigkeit und Barmherzigkeit

Die tiefste Bedeutung der Gerechtigkeit liegt darin,
die Ordnung in jeder Beziehung zu halten.
Gerechtigkeit muß sein,
denn ohne Ordnung
sind Leben und Liebe nicht möglich.
Doch der Mensch
ist nicht fähig der vollendeten Ordnung,
meistens wird die Ordnung von den Menschen sogar
bedrohlich verletzt!
Recht hat Thomas von Aquin:
die Barmherzigkeit (das Herz) ist irgendwie
die Vollendung der Gerechtigkeit (I, Q. 21, A4, AD 2).
Barmherzigkeit ist die Liebe,
die auch dann liebt,
wenn viele Gründe dagegen sprechen.
Die Liebe ist immer größer!

„Groß kann man sich im Glück, erhaben nur im Unglück zeigen."

F. Schiller

65.

Liebe und Großherzigkeit

Liebe ist endgültiges Ja.
Das endgültige Ja des Menschen besteht darin,
auf Horizonte und über Horizonte zu schauen.
Die Liebe macht das Herz weit!
Weite Herzen suchen große Herzen!
Die Liebe lebt aus der Utopie.
Utopien sind die schönsten Blüten der Hoffnung.
Herzen, die aus der Sehnsucht
nach der letzten Utopie der Liebe leben,
das sind die großen Herzen.
Der Großherzige ist der Zauberer der Liebe, der
- das Kleine zum Großen,
- das Arme zum Reichen,
- die Wüste zum Paradies werden läßt.

66.

Ohne Liebe keine echte Treue

Wenn jemand behauptet hat:
„Treue ist meist nur noch
die zur Moral erstarrte Liebe von gestern"
(H. LOHBERGER), dann handelt es sich
um eine sehr „untreue Treue".
Wenn die Liebe aufhört, hört die Treue auf!
Treue ist
das unaufhörliche Wachsen in der Liebe.
Stillstand in der Liebe ist schon Untreue …
und gefährlich für jede Freundschaft
und für jede Gemeinschaft.
Das eigene Wachsen in der Persönlichkeit …
in der Freundschaft und in der Gemeinschaft
wird die Treue der anderen erleichtern und fördern.
Die Treue ist ein so kostbarer Schatz,
weil sie das Zeugnis der Geistesgröße des Liebenden
wie des Geliebten ist.

„Lieben können ist Gnade. Treu sein können ist Gnade, die der Gnade widerfährt."

Ludwig Strauß

67.

Gesunde Liebe bis zum Humor

Damit die Liebe
ihre Wurzeln immer tiefer schlägt,
braucht sie eine gesunde Atmosphäre
und kräftige Nahrung.
Die Nahrung der Liebe ist
das Streben nach dem Urgrund des Seins.
Die Atmosphäre der Liebe ist
paradoxerweise auch die Frucht der Liebe:
die Freude.
Die Wurzel der Liebe bleibt die Selbstlosigkeit:
deshalb kennt die Liebe

in jeder Lage
den sprühenden Humor.
Humor ist die Freude,
die sich kräftiger als die Widerwärtigkeiten erweist.

68.

Wer liebt, lebt in Freiheit

„Freiheit, Gleichheit, Brüderlichkeit!"
Ein Ideal, das die Christen von Anfang an
hätten formulieren können!
„Wo der Geist des Herrn wirkt,
da ist Freiheit!"
(2 KOR 3, 17)
„Bei Gott gibt es kein Ansehen der Person!"
(RÖM 2, 11; EPH 6, 9; KOL 3, 25)
„Ihr aber sollt euch nicht Rabbi nennen lassen;
denn nur einer ist euer Meister,
ihr alle seid Brüder und Schwestern!"
(MT 23, 8)
Erst die Liebe gibt die innere Freiheit
und hilft
mit ihrem vollen Einsatz
auch zur „äußeren" Freiheit.

„Der Humor stützt sich auf vier Angelpunkte: Gnade, Wahrheit, Güte und Poesie."

Benjamin Jarnés

69.

Die Freundlichkeit ist die Sympathie der Liebe

Die Wärme der Liebe mitteilen,
das ist Freundlichkeit.
Ohne Freundlichkeit bleibt die Liebe
unsichtbar und unspürbar.
Die Liebe befreit, beglückt und bereichert
durch die Freundlichkeit.
Durch die Freundlichkeit
fordert die Liebe zur Gegenliebe,
zur Ehrlichkeit, zur Offenheit heraus.

Der Erbauer einer Welt des Friedens ist die Liebe.
Das zuverlässigste Material dafür ist
die Freundlichkeit.

70.

Das Feinste in der Liebe ist das Feingefühl

Feingefühl ist die Liebe,
die die kleinen Leiden des (der) Geliebten entdeckt,
um sie zu beseitigen,
und kleine Freuden dem (der) Geliebten zu bereiten weiß.
Um kleine Sachen zu sehen,
ist gute Sehkraft notwendig.
Um feinfühlig zu sein,
braucht die Liebe eine gute Sehkraft.
Das Feingefühl ist
das überzeugendste Zeichen
und die beste Pflege der Liebe.

71.

Die Liebe ist geduldig

Die Liebe ist geduldig, sie erträgt alles.
Alle großen Dinge verlangen
viel Geist, viel Zeit, viel Einsatz,
auch die Fähigkeit, Rückschläge hinzunehmen
und im Scheitern zu bestehen.
Ein Leben der echten Liebe
ist nur denen reserviert,
die fähig des Harten sind
– die wissen, geduldig zu warten
und geduldig immer weiterzubauen.

„Die Freude, die vom Guten geboren wird, ist eine gute Sache; die vom Bösen geboren wird, klingt immer wie ein Spott."

R. Descartes

72.

Die Liebe ist optimistisch

Optimismus ist der unerschütterliche Glaube
an den Triumph der Liebe.
Das Los der Liebe ist die Auferstehung.
Der Tod am Kreuz ist für die Liebe
der letzte Schritt vor der Auferstehung.
Wer vor dem Kreuz flüchtet,
kann vom Weg der Auferstehung abweichen.
Die Saat muß „begraben" werden,
um Leben und Frucht zu erwecken.
Wer liebt, bleibt optimistisch.

„Sag nicht: es ist unmöglich! Sag: ich habe es noch nicht gemacht."

Japanischer Spruch

73.

Liebe und Kindlichkeit

„Kindlichkeit" ist die Haltung der Liebe, die
- in unerschütterlichem Vertrauen,
  in unbekümmerter Vertraulichkeit,
- in selbstverständlicher Natürlichkeit,
- in Bescheidenheit,
- in sprühender Freude

mit dem Geliebten umgeht.

Die Weite der Liebe

Gedankensplitter über das Edle

Müßte das Edle nicht das Normale sein?

LIEBE OHNE SCHATTEN

Ein Vor-wort

Liebe ohne Schatten – das ist das Edle.

Ich habe in meinem Leben, schon als Kind und Jugendlicher, edle Menschen gekannt mit hoher und „höchster" Gesinnung. Und sie sind sicher die, die in meiner Person für das konkrete Leben den tiefsten und stärksten Eindruck hinterlassen haben... Das Edle ist die Liebe ohne Schatten. Wieviele Vertreter des Christentums – der Religion der unendlichen Liebe – haben in der Geschichte eine solche „verantwortungsvolle, gescheite, geschickte, gewaltige Liebe" gepflegt, daß das Edle der Liebe verfinstert wurde! – Daß das Wort „edel" in mancher Philosophie und Politik mißbraucht worden ist, darf sein schattenloses Licht nicht verdunkeln... Natürlich kann der Mensch nie vollkommen edel -Liebe ohne Schatten- sein, aber er kann sich vollkommen zum Edlen bekennen.

Am 17. April 1996 schrieb ich in einem Brief an den bekannten Moraltheologen Prof. Dr. Bernhard Häring: „Ich bin etwas enttäuscht, daß in unseren theologischen Lexika (sowohl der Dogmatik wie der Moral) das Stichwort Edles (das Edle) nicht zu finden ist. In der neuen Auflage vom Lexikon für Theologie und Kirche ist das Stichwort sogar ausgelassen, obwohl es in der vorigen Auflage von Egenter ziemlich ausführlich besprochen war..."

P. Häring antwortete mir am 19. April 1996: „Unter den 43 Kurzbetrachtungen über die Tugenden des mündigen Christen, die Styria herausbringen wird, findet sich auch eine über den Edelmut." Auch für unsere Zeitschrift „cursillo – Evangelium heute" schrieb P. Häring auf meine Bitte hin einen längeren Artikel mit dem Titel „Die Rede vom edlen Menschen". Er schreibt unter anderem: „Wie kommt es, daß man heute nur selten das Lob des Edlen hört oder liest? Ich vermute, daß dies auf den Schock zurückzuführen ist, den die unerhörtesten Grausamkeiten unter Stalin und Hitler, die ihren Tiefpunkt in den Schoah, in den Vernichtungslagern des Nationalsozialismus und dem Völkermorden der beiden Weltkriege, der atomaren Rüstung, dem fatalen Siegesjubel nach dem Abwurf der Atombomben über japanische Städte, weltweit auslösten. Wie schwer fällt es, an das Edle im Menschen zu glauben, wenn man jahrelang die täglichen Nachrichten aus dem Hexenkessel Balkan über sich ergehen ließ. Leider schenkt die Weltöffentlichkeit relativ wenig Aufmerksamkeit für den bewunderungswürdigen Edelmut der Vielen, die dem Haß und Wahnsinn ihren unermüdlichen Einsatz für Versöhnung und Heilung entgegensetzen. – Es schadet nicht, wenn die naive Gläubigkeit an den natürlichen Edelmenschen entmythologisiert wird. Es gilt nun tiefer zu graben und sich bewußt der Botschaft zu öffnen, die uns der christliche Glaube schenkt: nicht aus eigener Kraft, nicht zum eigenen Ruhm, sondern aufgrund der Gnade und Berufung durch Christus dürfen und wollen wir uns Großes, Edles zutrauen."

Es ist der Edelmut, der die Menschheit noch zusammenhält.

B. Häring

Doch das Edle, die Liebe ohne Schatten, bleibt das leuchtende Ideal der Menschen. Der edle Mensch fasziniert. Immer wieder kommt über unsere Lippen im Alltag, wenn wir unseren außergewöhnlichen Respekt ausdrücken wollen, das Wort: „Das ist eine edle Frau! Das ist ein edler Mann! Das war eine edle Tat! Das war eine edle Geste!"

Auch in der Literatur merken wir, wie im Humanistischen immer wieder als leuchtender Gipfel das Edle gesucht wird. Im „Handorakel" vom spanischen Klassiker

Baltasar Gracián (in der ausgezeichneten Übersetzung von Schopenhauer) zum Beispiel, finden wir immer wieder den Weg zum Edlen, um mit dem Leben und mit der Welt fertig zu werden. So schreibt er in der Nummer 88: „Gewöhnlich gehe man mit einer *edlen* Allgemeinheit zu Werke, die zum *vornehmen* Anstand gehört..." Und in Nummer 127: „Edle, freie Unbefangenheit bei allem... Sie ist überschwenglich, geht über Tapferkeit, über Klugheit, über Vorsicht, ja über Majestät. Sie ist ein feiner Richtweg, die Geschäfte abzukürzen oder auf eine edle Art aus jeder Verwicklung zu kommen."

Ähnlich stellt Romano Guardini „den Heiligen in unserer Zeit" dar. Der Heilige in unserer Zeit wird nicht der Asket sein, sondern der vornehme Mensch, der so natürlich ist, daß man es schwer haben wird, ihn als Heiligen zu entdecken. – Und man hat direkt den Eindruck, daß der große Theologe Hans Urs von Balthasar direkt den edlen Menschen vor Augen hat in seinem großen führenden Werk „Herrlichkeit".

„Der Heilige in unserer Zeit wird nicht der Asket sein, sondern der vornehme Mensch."

R. Guardini

Viel Literatur... direkt über das Edle, gibt es nicht. Seit Jahren genieße ich die Lektüre vom köstlichen Buch „Das Edle und der Christ" von Richard Egenter. Das Bändchen ist natürlich inzwischen alt geworden. Ich habe dieses Bändchen trotzdem als richtige Unterlage für diese „Gedankensplitter über das Edle" genommen.

*

Ende Juni 1998 schickte ich diesen Text über das Edle P. Bernhard Häring. Noch vor seinem Tod schrieb er mir: „Eine edle Schrift über das Edle."

Die Weite der Liebe

Gedankensplitter über das Edle

74.

Wo ist der edle Mensch?

Sind die edlen Menschen so selten zu finden?

Müßte das Edle nicht das Normale sein?

Ist das Menschenherz nicht für das Wahre,
das Gute, für das Gütige,
für das Schöne,
für das Fröhliche geschaffen?

Braucht das Menschenherz nicht die reine Liebe,
wie die Lungen die reine Luft?

Warum lassen sich die meisten Menschen
zum „Gemeinen" reizen –
sich von so vielen dunklen Reizen unbesehen...
unkontrolliert... unüberlegt... treiben?

Wer immer das Gute sieht
und immer das Gemeine, das Böse ignoriert...
der ist der edle Mensch.

Wo Liebe ist, was kann noch fehlen? Wo keine Liebe ist, was kann es dann nützen?

Augustinus

75.

Der edle Mensch

Vollkommene Menschen zu suchen,
ist ein unmenschliches Vorhaben.

Doch edle Menschen gibt es viele.

Von den vielen edlen Menschen lernen wir,
den edlen Menschen zu sehen:

Liebe bedeutet, Mauern und Zäune außer acht zu lassen, Türen aufzu-schließen und ja zu sagen ... Man kann ins Paradies gelangen, wenn man einfach ja zu diesem Augenblick sagt.

Emmanuel (Pat Rodegast)

• Der edle Mensch ist immer ruhig und **gelassen**:
er ist zu allem bereit, der Geist ist immer größer!

• Der edle Mensch ist **gütig und freundlich**:
die Kraft der Liebe übertrifft alles...
wird von nichts übertroffen.

• Der edle Mensch ist **beherrscht,**
und deshalb bleibt er immer **„erhaben“,**
und frei und bescheiden:
seine Wurzeln sind zu tief,
Stürme und Brandung können ihn nicht erschüttern.

• Der edle Mensch hat **ein warmes Herz**:
ohne Wärme des Herzens
zerbröckelt das Menschliche.

• Der edle Mensch **freut sich immer über das Gute**
– gleichgültig wann, wie
und von welcher Seite es kommt:
wenn nur immer viel Gutes und immer Besseres käme,
das wäre Bereicherung.

• Der edle Mensch überläßt **nie**
dem eigenen Geltungsdrang, den Rachegefühlen,
dem Neid, der Eifersucht...
am Negativen des anderen **Genugtuung** zu finden:
im Negativen sieht der edle Mensch
eine Herausforderung,
noch mehr Verständnis aufzubringen
und sich noch mehr für das Gute einzusetzen.

• Der edle Mensch steht
immer auf der Seite des Menschen
und des Menschlichen,
er ist nie verletzend!
Übereifer und Fanatismus sind ihm Fremdworte.

• Der edle Mensch **übersieht das Schlechte**
-Peinliche- bei den anderen,
ja er weiß es zu „verdecken“ vor den Blicken

von Spöttern und Kritikern und Anklägern:
Hilfen zur Besserung sind menschenwürdiger.

• Der edle Mensch
sieht, anerkennt das Gute
-die guten Seiten- der anderen
-und freut sich darüber-, gleichgültig, wer sie sind:
Freund oder Feind...
Verbündeter oder Neider:
die Blume ist immer Blume...
sogar mitten im Morast.

• Der edle Mensch ist
im Wahren, Guten und Schönen **nie berechnend**:
das Wahre, Gute und Schöne „haben" keinen Preis!
Sie sind „der Preis" in sich selbst.

• Der edle Mensch bleibt **der Wahrheit absolut treu**:
die Lüge ist das große Zeichen der Gemeinheit;
Wahrhaftigkeit ist reine Luft des Menschlichen.

• Der edle Mensch **ist mit dem Freund**
offen und treu,
dem Feind gegenüber bleibt er immer noch fair
und sogar zuvorkommend:
in der Freundschaft
erreicht das Gute am leichtesten seine letzte Reinheit;
ein Feind ist nicht stärker als das Gute im Menschen.

• Der edle Mensch ist sehr bedacht,
kein Recht des anderen zu verletzen,
im Dienste des Guten und des Friedens
verzichtet er leicht auf eigene Rechte:
das Recht steht im Dienste des Menschlichen,
und nicht das Menschliche im Dienste des Rechtes.

• Der edle Mensch ist
fasziniert von allem Schönen!
Er selbst weiß, das Schöne hervorzurufen:
das Schöne ist die Sonne des Guten.

Das Auge der Liebe macht jeden Menschen in dieser Welt freundlich und reizvoll.

Sai Baba

• Der edle Mensch lebt aus einem offenen,
lebendigen, freien und befreienden Geist:
der reife Geist adelt den Menschen.

76.

Das Wort „edel"

Das Wort edel
geht zurück auf das althochdeutsche „adal"
-Geschlecht, Sippe-.
Es hing zusammen mit „nodal" -Erbgut-.

Der Wortgebrauch erweiterte sich
im Laufe der Jahrzehnte und Jahrhunderte
im Sinne des Wortes Goethes:
„Edel sei der Mensch, hilfreich und gut."
„In der Wortspaltung edel und Adel deutet sich an,
daß äußere Vornehmheit des Standes
noch keineswegs den edlen Charakter mit sich bringt"[1].

Sinnverwandte Worte
können den tiefen geistigen Sinn noch mehr erklären wie:
Hochherzigkeit,
Großherzigkeit,
Weitherzigkeit,
Hochgemutheit,
Vornehmheit...

Das Wort edel wird sogar für Tiere und Dinge
im Sinn von „rein" und „vollendet" gebraucht.
So spricht man von einem Pferd edler Rasse...
und von edlem Stahl.

Kein Wort ist vor Mißbrauch geschützt.
Auch das Wort edel ist häßlich mißbraucht worden.

Die Liebe ist die Bejahung aller Bejahungen.

Ralph Waldo Emerson

---

[1] Richard Egenter, Das Edle und der Christ, Westheim bei Augsburg, 2. Auflage ohne Jahresangabe, S. 16–17. – Von jetzt ab als „Egenter" mit Seitenangabe zitiert.

Da steht Nietzsche -mit seinen „Anhängern"- :
„Auf dem Grunde aller dieser vornehmen Rassen
ist das Raubtier, die prachtvolle,
nach Beute und Sieg lüstern schweifende
blonde Bestie,
nicht zu verkennen...
Die vornehmen Rassen sind es,
welche den Begriff ‚Barbar'
auf all den Spuren hinterlassen haben,
wo sie gegangen sind..."[2]

Nur „das Vitale" als edel anzusehen,
birgt viele und große Gefahren,
unedel zu werden.

77.

Was ist das menschlich Edle?

Für Max Scheler
-ähnlich wie bei Nietzsche-
liegt das Edle des Menschen im Vitalen.
Der Held ist für ihn die Personifizierung des Edlen.[3]

*

Edel für Nikolai Hartmann
-im gesamten Seinsbereich-
ist jede Reinkultur eines Wertes.
- Im Bereich des sittlichen Lebens
ist für das Edle das „Un-gemeine", der Gegensatz zum „Niedrigen".
„Der Edle schwimmt nicht im Strom der großen Masse,
ist nie ein Herdenmensch."[4] –
Die Frage bleibt: was ist das „Un-gemeine"?

*

Die Liebe kennt keine Gesetze.

Boëtius

[2] Zur Genealogie der Moral, I. Abh. n. 11
[3] Vgl. Egenter, S. 23–28
[4] Siehe Egenter, S. 30

Für Thomas von Aquin
sind das Edle und das Vollkommene
verwandte Worte und Tatsachen.
Er schreibt: „Alles Edelsein (nobilitas) eines Gegenstandes
ist ihm gemäß seinem Sein eigen.
Nach der Weise, wie ein Ding Sein besitzt,
bestimmt sich sein Edel-sein...
Wenn also etwas existiert,
dem die volle Seinsmächtigkeit zukommt,
so kann diesem keine Kraft (virtus) des Edlen fehlen."[5].
Das sachlich und ethisch Edle
berühren sich doch im Metaphysischen![6]

Seien Sie der lebende Ausdruck von Gottes Güte; Güte in Ihrem Gesicht, Güte in Ihren Augen, Güte in Ihrem Lächeln, Güte in Ihrer warmherzigen Begrüßung.

Mutter Teresa

*

Richard Egenter nennt edel im allgemeinen
„die Reinkultur des Seins,
das Erlesene, das Ehrenwerte".
Und als das sittlich Edle:
„Von sittlich Edlem sprechen wir dann,
wenn jener sittliche Wert in Reinkultur verwirklicht ist...[7]
Nur soweit ein sittliches Verhalten vollkommen ist,
ist es edel...[8]
Dabei mag uns das griechische Begriffspaar
καλοκαγαθία (das Schöne Gute) mahnen,
in diesem „bene"
nicht bloß eine besonders gediegene Motivierung,
sondern auch eine gewisse Vollendung
in der äußeren Gestaltung des sittlich Guten zu sehen.
Der Vollzug des Guten ist nur edel,
wenn er auch schön anmutet[9]...
Wo oft und oft
alle triebhafte Selbstsucht überwunden wurde,

---

[5] Siehe Egenter, S. 38
[6] I–II 5, 5 ad 2
[7] Egenter, S. 60
[8] a. a. O. S 61
[9] a. a. O. S. 64–65

gelingt der ethische Akt immer mehr als reine,
vom Objekt her bestimmte Wertantwort
in einer gewissen Eleganz
und Fröhlichkeit des Vollzuges.“ [10]

78.
Das Edle

Nun geht es uns um den edlen Menschen!

Uns geht es um das Edle des Geistes, des Herzens...
Und vom Edlen des Geistes und des Herzens aus
geht es uns auch um den ganzen Menschen -
und seine Umgebung.

Und von da aus
um das Edle der ganzen Person
„mit ihrer ganzen Umgebung!“

Das Edle besteht darin:

- Immer
- nur das Bessere,
- das Schönere,
- das Fröhlichere
- zu suchen,
- anzuschauen,
- zu fördern,
- bis zum Höchsten,
- bis zum Reinsten,
- mit vollem Verständnis
für die eigenen und fremden Schwächen.

Nirgendwo strahlt die Liebe
so echt und anziehend,
wie im Edlen.

[10] a. a. O. S. 67–68

Stelle dir selbst, und nur dir selbst, eine einzige Frage: Hat dieser Weg ein Herz? Alle Wege sind gleich; sie führen ins Nirgendwo. Es sind Wege, die durch das Dickicht und in das Dickicht führen ... Hat dieser Weg ein Herz? Wenn ja, ist es ein guter Weg; wenn nein, ist er nutzlos.

Don Juan
(Carlos Castaneda)

79.

Das Licht - die Wahrheit

Lüge und Falschheit sind Leugnung
des Echten und Guten.

Der edle Mensch lebt aus der Haltung,
nie gegen das Licht (gegen „besseres Wissen")
zu sündigen.

Es sind die Worte des großen Kardinals Newman
mitten im fieberhaften Phantasieren:
„Ich kann nicht sterben,
denn ich habe nie gegen das Licht gesündigt."

Der edle Mensch bleibt immer bei der Wahrheit,
und dadurch macht er sich selbst
und die anderen frei.

Im Licht ist Freiheit!

Im Licht kann man sich ohne Angst bewegen.

Freude und Liebe sind die Flügel für die großen Unternehmungen.

Johann Wolfgang von Goethe

80.

„Das Bessere"

Nur das Gute zu wollen,

ohne das Bessere zu erstreben,

kann beim Menschen schon
eine Profanierung des Guten sein.

Das menschlich Gute bewahrt seine Reinheit
und wird reiner, wenn es wächst.

Die echte Liebe bleibt nie stehen.

„Gut sein" kann oft enttäuschen!

Ständig das Wachstum im Guten -das Bessere-
zu ersehnen und zu erstreben

- das ist Weite, Befreiung... das Edle.

81.

Das Schönere

Weder Gerechtigkeit noch Tugend allein
sind das eigentliche Gesicht des Edlen.
Der edle Mensch ist geprägt
von seinem Blick für das Schöne.
„Bei Platon hat die καλοκαγαθία (‚das schöne Gute') wohl die reinste und schönste Deutung gefunden und wurde zum Ausdruck edelsten Griechentums.
Aristoteles gab dieser Haltung
in der Gestalt seines μεγαλόψυχος (Großgesinnten) eine besondere plastische Verkörperung."[11]
Der edle Mensch ist der Künstler,
der immer nach dem Schöneren schaut
und das Schönere vorzieht...
in der Natur... im Leben...
und vor allem im Menschen.
Und weil der edle Mensch immer das Schönere sucht,
und seinen Blick ständig auf das Schönere richtet,
deshalb widerspiegelt er ständig in seiner Person
das Schöne und das Schönere...

82.

Das Fröhlichere

Die Freude ist das Erlebnis der Harmonie!
Das Fröhliche ist
die Entdeckung einer besonderen Freude.
Das Fröhlichere ist
das Erfaßtwerden einer immer größeren Freude.

[11] a. a. O. S. 57

Die Liebe sind die Flügel, die Gott dem Menschen gegeben hat, um bis zu ihm zu fliegen.

Michelangelo

Die Freude ist der Weg zum Reinen.

Die Freude ist Bejahung des Lebens.

Das Fröhliche ist die ansteckende Bejahung...
vor allem des Menschen.

Das Fröhlichere ist
der Sieg des Wahren und Guten im Alltag über das Böse.

Das Fröhliche zeigt den Sinn des Menschseins,
des Lebens... des Kosmos...

Der edle Mensch

schöpft aus seinen Wurzeln im Guten
immer Fröhlicheres...!

Nichts kann die Liebe unterdrücken, aber die Liebe kann alles beflügeln.

La Fontaine

83.

Suchen

Der edle Mensch lebt aus den Fragen:

- **Ist das das Beste?**
- **Kann es nicht Besseres geben?**
- **Könnte mein Verhalten nicht Besseres verwirklichen?**
- **Könnte das Leben nicht friedlicher, freundlicher, positiver, freudiger, befreiender gestaltet werden?**

Das „Gemeine" -das Gegenteil vom Edlen-
besteht ja darin, nicht zu fragen,
nicht zu hinterfragen...
sich selbst ja nicht in Frage zu stellen.

Nicht alles, was fürs erste gerecht aussieht,
beinhaltet Güte in der Gerechtigkeit...

Nicht alles, was fürs erste gut aussieht,
hat die Güte und Freundlichkeit des Guten...

Nicht alles, was fürs erste als Wahrheit aussieht,
ist „menschliche" Wahrheit...

Wie oft hat man im Namen der Gerechtigkeit
und der Wahrheit und sogar des Guten
Menschen unterdrückt und zerstört!

Edel ist, was das Wahre und Gute und Schöne
für das Aufbauende,
für das Beglückende...
immer mehr reinigt.

84.

Sehen – Anschauen

Der edle Mensch wendet seinen Blick
vom Versagen oder von den Schwächen der anderen ab...
jedenfalls in dem Sinn, daß er nie „schadenfroh" ist...
sicher, indem er nie aus Neid und Stolz,
aus Geltungsdrang oder Angeberei
die Schwächen der anderen als Stufe betrachtet,
um höher vor sich und vor den anderen zu gelten.

Die Augen sind für das Licht geschaffen
und nicht für das Dunkle...
auch die inneren Augen des Geistes und des Herzens.

Die Dunkelheit macht blind!

Auch die soziale, ethische, humanistische Dunkelheit
verfinstert den Menschen.

Noch mehr: der edle Mensch ist fähig,
mit seinem Blick das Dunkle zu erhellen.

Wie treffend drückt es Johannes vom Kreuz aus:

„Schau mich ruhig weiter an,
denn seitdem du mich angeschaut hast,
hast du in mir
Lieblichkeit und Schönheit hervorgerufen."[12]

Bemühe dich zu lieben, solange du lebst: in der Welt hat man noch nie etwas Besseres gefunden.

Maxim Gorki

[12] Ya bien puedes mirarme después que me miraste, que gracia y hermosura en mí dexaste. Johannes von Kreuz, Cántico espiri-tual, 24

85.

Fördern

Das Edle ist der absolute Triumph der Liebe.

Triumph bedeutet meistens,
den anderen besiegen und verdemütigen.

Der „Triumph" der Liebe ist gerade das Gegenteil:
den anderen aufrichten und ihm
zur größten menschlichen (und sogar göttlichen)
Geltung helfen.

Der „Triumph" der Liebe ist „absolut",
wenn alles Liebe wird,
und alle von der Liebe erfaßt werden...
ohne ein Relikt an Haß, Verachtung,
Gleichgültigkeit, Verletzlichkeit zurückzulassen.

Der edle Mensch ist nicht ein kalter Zuschauer,
er lebt mit.
Er schafft die reine Atmosphäre des Edlen für alle.

Die Liebe kauft keine Rückfahrkarte: die Liebe ist eine Frage ohne Antwort.

Georg Christoph Lichtenberg

86.

„Bis zum Höchsten"

In den Niederungen ist meistens Staub
und Schlamm, Enge und Schmutz.

In den klaren Höhen ist Weite und Licht,
reine Luft und Freude.

„Höhe" ist edel.

„Niedrigkeit" ist gemein.

Der gemeine Mensch
begnügt sich mit Halbheiten des Herzens...
macht halt auf halber Höhe des Geistes...

Das Wort des edlen Menschen ist in seinem Ringen:
„Excelsior!" Immer höher!

Auch der edle Mensch ist unterwegs,
aber sein Blick ist auf die höchsten Gipfel gerichtet.

Und das macht aus dem Edlen etwas „Erlesenes".

Wenn alle und alles edel wären,
dann wäre das Edle immer noch edel.

Da das „Gemeine" vor allem
in der „All-gemein-heit" zu finden ist,
findet man „Auserlesenes",
wenn man dem Edlen begegnet.

87.

„Bis zum Reinsten"

Edel ist der Mensch, der unter jedem „Fleck",
unter jeder „Dunkelheit" leidet.

Sogar von Tieren, Metallen und Steinen sagt man,
daß sie edel sind, wenn sie „rein" sind.

„Ein Ding ist desto edler, je reiner und vollkommener
es dem Sein nach verwirklicht wird."[13]

N. Hartmann hat das Wort „Reinkultur"
für das Edle geprägt.[14]

Diese „Reinkultur"
weist das Edle am klarsten und Kräftigsten aus.
Wo Hintergedanken des eigenen Interesses,
Hintergedanken eines anderen Zieles
als das Gute (die Güte) und das Schöne
und das Freudige sich verstecken,
ist das Edle verloren.

Die reinen Höhen des Geistes,
die reinen Augen des Herzens,
die reinen Hände der Liebe
machen das Edle im Menschen aus.

Gott konnte dem Glück der Liebenden nichts mehr hinzufügen als die Ewigkeit ihrer Liebe.

Victor Hugo

---

[13] Egenter, S. 38
[14] Siehe bei Egenter S. 38

88.

„Mit vollem Verständnis"

Der Mensch ist
kein vollkommen programmierter Computer.
Weit entfernt in vielen Hinsichten!

Baltasar Gracián sagt,
daß der Mensch als Barbar geboren wird,
das heißt,
der Mensch kommt auf die Welt
mit vielen Schwächen und Mängeln.[15]

Will der edle Mensch mit dem Menschen gerecht sein,
muß er mit dem Mitmenschen „barmherzig" sein -
verständnisvoll und hilfsbereit.

Die Liebe ist ein Kunst, die man nie lernt und immer kann.

B. Pérez Galdós

Recht hat Thomas von Aquin:
die Barmherzigkeit (das Herz) ist irgendwie
die Vollendung der Gerechtigkeit.[16]

Überfordert man sich selbst
oder die anderen zur Vollkommenheit,
wird man unmenschlich und ungerecht.

Die größte Wohltat für den Menschen ist deshalb
Anerkennung für sein Gutes,
aber vor allem für seinen guten Willen (gutes Wollen) -
und Verständnis für seine Schwächen.

Edel ist das Verständnis

– wenn man nicht überrascht ist
vor den Mängeln und Versagen
bei sich und bei den anderen;

– wenn man wegen Mängeln und Versagen
niemand beschämt, sondern weiter hochachtet;

– wenn man gütig und feinfühlig
zum Besseren hilft.

[15] „Handorakel und Kunst der Weltklugheit", Nr. 87
[16] I, qu. 21. a 4, ad 2

„Gott weiß, wie wir beschaffen sind!
Er vergißt nicht, daß wir Staub sind!“[17]

Der edle Mensch setzt sich ein,
daß auch das Schwache und sogar das Böse
zum Guten und Reinen gewendet wird.

Sem -laut Bibel- bedeckte
bei der Betrunkenheit seines Vaters
das Beschämende
- und wendete die Situation zum Segen.[18]

89.

...und das immer

Edel ist noch nicht der Mensch,
der irgendwann edle Taten, edle Gesten setzt.

Edel ist der Mensch,
der immer in den reinen Höhen des Guten
und des Freundlichen wandelt...
oder zumindest auf dem Pfad dahin ist!

Das Leben ist nicht nur ein Augenblick,
und die Welt nicht nur ein Punkt:
das Leben und die Welt des Edlen sind allumfassend.

Nur das „Immer“ schafft eine Welt
und ein Leben des Edlen! (Das Reich Gottes)

90.

...und unter allen Umständen

Wer Bedingungen stellt,
kann fast immer das Edle vergessen.

Das Reine auf dieser Welt wird „trotzdem“ sein!

[17] Psalm 103, 14
[18] Gen 9, 18–28

Die Liebe will nicht bedankt, will nicht bemitleidet werden. Die Liebe will geliebt werden, und das genügt als Grund, und einen anderen Grund gibt es nicht, und sei er so edel.

Miguel de Unamuno

Und doch leuchtet das Edle im Menschen
am hellsten
und strahlt am meisten Wärme aus,
wenn man „keinen“ Grund hätte,
um gut und freundlich zu sein!
Das Gute und das Freundliche
sind auch dann Grund genug!

Das Böse kann nie Grund genug sein,
daß der Mensch böse wird... bös handelt.

Existentiell -mitten im Leben-
bleibt das Edle erhaben,
gerade wenn man viele und triftige Gründe hätte,
um nicht gut und freundlich zu sein...

Die Liebe besiegt alles! Das beste ist deshalb, sich ihr sofort zu ergeben.

Publius Vergil

Dostojewskij sagte im Angesicht derer, die kamen,
um sich über seine Hinrichtung zu belustigen:
„Ihr könnt nichts tun,
was für mich nicht ein neuer Grund wäre,
um euch noch mehr zu lieben!“
(Er wurde im letzten Augenblick vom Zaren begnadigt.)

Hier berühren wir schon
den Kern der Bergpredigt Christi im Evangelium,
die „Magna Charta“ der edlen Haltung:
immer mehr lieben!

91.

Wie die Lotosblume

Nicht ohne beeindruckenden Grund
sieht man in der Lotosblume ein Symbol des Edlen.
Sie wächst oft aus dem Morast,
sucht die reine Luft, blüht in Schönheit...
ihre Wurzeln im Morast
bewirken eine Verwandlung zum Schönen.

Folgendes Gebet aus Frankreich (1917)
entfaltet die Symbolik der Lotosblume:

O Herr, mach mich zu einem Werkzeug deines Friedens,
daß ich Liebe übe da, wo man sich haßt;
daß ich verzeihe, da wo man sich beleidigt;
daß ich verbinde da, wo Streit ist;
daß ich Hoffnung wecke, wo Verzweiflung quält;
daß ich ein Licht anzünde, wo die Finsternis regiert;
daß ich Freude bringe, wo der Kummer wohnt.

Ach Herr, laß mich trachten,
nicht, daß ich getröstet werde,
sondern daß ich tröste;
nicht daß ich verstanden werde,
sondern daß ich verstehe;
nicht, daß ich geliebt werde,
sondern daß ich liebe.

92.

Wege und Erscheinungsformen des Edlen

Das Edle als „absoluter Triumph" der Liebe umfaßt alles.

Um das Edle zu bauen,
braucht man den gesamten Steinbruch des Geistes...
des Herzens...
des Lebens.

Der Tempel des Edlen strahlt dann
in den herrlichen Farben aller Juwelen des Geistes
und des Herzens.

Das Edle ist dann die Schönheit,
die Wärme, die Sympathie aller Tugenden.

Der Bau des Edlen

93.

Die tragenden und schönsten Steine im „Bau" des Edlen

1) Eine tiefe und warme Liebe

Der „absolute Triumph der Liebe" ist nur möglich,

Die Liebe ist die einzige Manifestation der Göttlichkeit! Die Liebe – auch wenn sie verraten und verspottet wird – ist der Ort, in dem wir den Schlüssel für unsere Existenz suchen müssen.

Thornton Wilder

wenn ihre Wurzeln so tief und kräftig sind,
daß sie von niemand und von nichts
entwurzelt werden kann.
Tief ist die Liebe, wenn sie weiß,
warum sie liebt...
wenn sie weiß,
wem und warum sie sich ganz hingibt.
Eine Liebe ohne Wärme (ohne Zärtlichkeit),
eine Liebe ohne Feingefühl ist schließlich blutleer...
Noch Liebe?
Warm ist die Liebe,
wenn sie auf das Ganze mit der ganzen Person geht.
Nur das Ganze der Liebe garantiert das Edle.

2) Ehrlich, gerecht, barmherzig

Ehrlichkeit ist die Reinheit des Blickes.
Wenn der Blick nicht rein ist,
dann ist die Person auch nicht rein.
Selten beeindruckt der edle Mensch so sehr,
wie wenn er in völliger Ehrlichkeit
das eigene Versagen und die Größe der anderen
sieht und freudig zugibt,
und wenn er die eigenen guten Seiten akzeptiert
im Dienste des Guten und Gütigen,
wenn er das Versagen der anderen feststellt
(er ist immer kritisch)
dann auch im Dienste des Guten und Gütigen.

*

In irgendeiner Weise
führt die Ehrlichkeit immer zur Gerechtigkeit.
Der edel Gesinnte will unbedingt gerecht sein,
soweit es ihm nur möglich ist.
Welcher Mensch kann aber
ganz konkret
mit einem konkreten Menschen ganz gerecht sein?

*

Ehrlich sein heißt – wie es in dieser Welt hergeht – ein Auserwählter unter zehntausenden sein.

Shakespeare

Da jeder Mensch von Natur aus schwach ist,
kann man mit ihm nur gerecht sein,
wenn man mit ihm barmherzig
(verständnisvoll... wenn nur möglich nicht anklagend...
helfend) ist.
Wo Lichtvolles ist,
gleichgültig woher es kommt,
da ist der edle Mensch.
Und wo Dunkles ist,
da bringt der edle Mensch Lichtvolles:
so setzt sich unter den Menschen
die Gerechtigkeit durch.

3) Der edle Mensch ist respektvoll

Respekt ist
die natürliche Haltung vor dem Wertvollen.

Das „Wertvolle" ist auch Fundament der Liebe.

Der edle Mensch läßt seine Sicht nicht trüben:
er entdeckt das Wertvolle,
auch wenn es versteckt oder verdeckt ist.
Gold bleibt Gold selbst im Lehm.

Ist Wertvolles entdeckt,
ist freudiger Respekt
(nie Neid oder Geringschätzung)
vor ihm.

Das Menschsein... die Menschenwürde
ist selbst im Verbrechen noch da:
der edle Mensch verliert nie den letzten
-und entscheidenden-
Respekt vor keinem Menschen.

4) Der edle Mensch ist tolerant

Respekt und Toleranz sind
in ihren Wurzeln nicht zu trennen.

Toleranz heißt: Die Fehler der anderern entschuldigen. Takt heißt: sie nicht bemerken.

Arthur Schnitzler

Gibt es Grund für den Respekt,
gibt es Grund zur Toleranz.

Mag das Wertvolle
-vor allem beim Menschen-
noch so vom „Schlamm“ verdeckt sein, es ist da.

Dann hat der edle Mensch „Geduld - Toleranz“
mit dem vom „Schlamm“ Verdeckten.

Die Hoffnung auf den „Triumph“
des Wahren und des Guten
ist würdig aller Menschen.

5) Der edle Mensch beherrscht sich selbst

„Die Schaffenden nämlich sind hart...
Ganz hart ist allein das Edelste. -
Diese neue Tafel, o meine Brüder, stelle ich über euch:
werdet hart!“
(Nietzsche)[19]

Das Edle im Menschen verlangt
viel Härte mit sich selbst.

Es gibt viele und starke Kräfte in uns und um uns,
die das Edle schwer... fast unmöglich machen.

Imponierend ist das Verhalten des edlen Menschen,
der beherrscht und ruhig
und sogar freundlich bleibt beim Unrecht...
im Schmerz... bei arroganten Menschen...
bei Überheblichkeit... bei den Mächtigen...

Vielleicht am meisten imponiert es,
wenn der edle Mensch verdemütigt wird
und weiter seine Ruhe
und sogar sein Wohlwollen behält.

Lebe in Frieden. Daß nichts Dich aufregt. Daß niemand fähig sei, Dir Deinen Frieden zu nehmen: Weder die psychische Erschöpfung. Noch Deine moralischen Versagen.

Teilhard de Chardin

[19] „Also sprach Zarathustra“, III. Teil, Der Genesende, 1

6) Der edle Mensch ist gelassen

Die Angst ist eine große Gefahr
-eine „Feindin"- des Edlen.

Aber die Stürme der Gefahr und der Niederlage
-genauso wie die Wogen des Sieges-
vermögen nicht, den edlen Menschen zu verführen,
das Gute, das Freundliche, das Schöne zu vergessen
oder zu übersehen.

Luther antwortete auf die Frage, was er tun würde,
wenn der letzte Tag der Weltgeschichte anbräche:
„Ein Bäumchen pflanzen".
Das ist Gelassenheit.

Und Johannes XXIII. hat geschrieben:
„Nur für heute werde ich mich bemühen,
den Tag zu erleben,
ohne das Problem meines Lebens
auf einmal lösen zu wollen."[20]

7) Der edle Mensch ist weit- und hochherzig

„Macht euer Herz weit",
sagt Paulus seinen Korinthern,
„ich will bequem Platz bei euch haben."[21]

Im Herzen des edlen Menschen hat alles Platz:
Freude... und Traurigkeit!
Und sogar Weite und Enge der Mitmenschen...

Ja, die Weite seines Herzens überwindet die Enge
und das „Gemeine" im Leben.

Die Weite des Herzens erweitert die Horizonte.

Die Weite des Herzens und des Geistes
bietet Befreiung und Freiheit an und schafft sie.

Im großen und weiten Herzen des edlen Menschen
hat alles Gute Platz...

Und für den, der hochkommen will, möchte ich eine Leiter sein!

Fraternité des Handicapités

[20] „Aus der Fülle des Geistes", Wien 1985, S. 64 „Dekalog der Gelassenheit"
[21] 2 Kor 6, 11–13

Der hochherzige Mensch
verdammt nicht das Schlechte im Menschen,
sondern sucht durch die Verwandlung des Menschen
das Schlechte zum Guten zu wenden.

8) Der edle Mensch ist „weitsichtig"

Die weite Sicht von Herz und Geist rettet davor,
in einem kleinen Haufen Erde
ein Bergmassiv zu sehen...
und den Mut zu verlieren.

Der edle Geist ist nicht in Grenzen einzufangen:
die Tagesplage ist meistens eine Eintagsfliege.

Der „gemeine" Mensch
ist meistens ein Gefangener des Augenblicks...

Der edle Mensch nimmt den Augenblick ernst,
aber in der Weite des Ganzen.

Eine Note ist wichtig...
sie macht aber lange noch nicht eine Symphonie aus.

Man muß die Welt verändern und danach die veränderte Welt verändern.

Berthold Brecht

9) Der edle Mensch ist „hochgemut"

Thomas von Aquin
definiert die „Hochgemutheit" (Magnanimitas)
als die „extensio animi ad magna -
das Hinlangen des Geistes nach großen Werten".[22]

Ganz anders als der Größenwahn
streckt sich die „Hochgemutheit"
nach echten Werten aus,
für die der Mensch geschaffen ist.

Die Werte, deren der Mensch fähig ist,
ignorieren oder gar ablehnen,

[22] I, II, 40, 4 ad 3

ist eine falsche Demut und schließlich verantwortungslos.

Liegt es in dieser falschen Demut,
daß so viele Christen so engherzig, kleinkariert
und ängstlich sind?

Ein Spruch in der Altstadt von Prag lautet:

„Dignitatis memores, ad optima intenti" -
„Eingedenk der eigenen Würde,
nach dem Besten streben".

10) Der edle Mensch kann warten, er ist langmütig

Die Weite des Edlen schließt die Langmut mit ein.

Der Langmütige *läßt* wachsen -
das Leben ist ja Wachsen.

Der Langmütige wundert sich nicht,
wenn das Wachsen viel Zeit... und Geduld... erfordert.

Der „Kurzmütige" engt ein und zerstört.

Der edle Mensch liebt das Wachsen
-das Wachsen ist das Edle-,
deshalb ist er nachsichtig, gütig
und glücklich bei jedem Wachstum.

11) Der edle Mensch vor dem konkreten Menschen

Der edle Mensch ordnet nicht seine Mitmenschen
(„edelsoziologisch" gesehen)
in die eigenen Koordinaten,
fügt sie nicht in Denksysteme
oder vorgefaßte Einteilungen ein.

Die Einmaligkeit eines Menschen
ist seine ureigene Würde.

Der edle Mensch neigt sich
vor jeder einmaligen Würde.

Der Edle fördert jeden Wert,
der würdig ist und würdig macht.

Ich möchte sein: Eine warme Suppe für den Vagabunden! Ein junges Lächeln für den Greisen! Eine weiße Hand für den Schwarzen! Eine vertraute Stimme in der Furcht der Nacht! Ein ermutigendes Wort, das jede Träne trocknet!

Fraternités des Handicapités

12) Der edle Mensch ist verständnisvoll

Das Verständnis ist die Liebe,
die Gerechtigkeit sucht...
oder die Gerechtigkeit, die die Liebe notwendig hat!

Gerechtigkeit ohne Liebe
bleibt dunkel und unmenschlich.

Im Gelingen und im Versagen
will jeder Mensch richtig verstanden werden!

Schnell beurteilen ist immer eine Gefahr.

Sehen, wie der andere sieht!
Empfinden, wie der andere empfindet.
Das Geschehen erleben,
wie der andere sein Geschehen erlebt...
das ist schon eine große Garantie
für die Reinheit des Wahren beim Menschen.

Das Herz gibt den richtigen Blickwinkel beim Denken.

Sich selbst in Frage stellen,
und mit der Güte
möglichen falschen Einschätzungen
und Reaktionen zuvorzukommen -
das ist edles Verhalten!

Der edle Mensch,
der mit der Liebe die Gerechtigkeit rettet,
macht die Liebe robust und glaubwürdig.

Was muß Weinheber erlebt haben,
wenn er geschrieben hat:
„Und bricht das Abendrot herein,
so wirst du schuldig, schuldig, schuldig sein."

Ist es so schwer,
auch im Schuldigen den guten Willen zu sehen...

oder wenigstens seine Ansprechbarkeit
vom Guten zum Guten?

13) Der edle Mensch ist feinfühlig

Das Feingefühl ist die aufmerksame,

klare und feine Sicht der Liebe:
nichts Gutes entgeht ihr, sie freut sich darüber;
nichts „Schweres" entgeht ihr
-bei sich und bei den anderen-,
sie versucht, es positiv zu überwinden.

Der edle Mensch wird aus dem Feingefühl mitfühlen
mit den Weinenden und den Lachenden.

Mitgefühl aus Feingefühl potenziert das Gute...
und entschärft das Schwere... das Böse.

Das Feingefühl - das ist direkt die edle Liebe.

14) Der edle Mensch ist hilfsbereit

Niemand ist einer.

Nicht geteiltes Leben – ist verlorenes Leben
(„Wer sein Leben behalten wird, wird es verlieren").[23]

Zur reinen, warmen Liebe
gehört die Bereitschaft zu helfen.

Der edle Mensch aber hilft „begleitend"
(„mitmachend")...
nie den Ohnmächtigen beschämend,
sondern den „Wandernden" beglückend.

Auch der edle Mensch braucht Hilfe.
Und er nimmt sie dankbar und freudig an.
Zu den Höhen der reinen Liebe
kann der Mensch nur mit Hilfe gelangen.

15) Der edle Mensch ist positiv

Das echt Negative ist eine diabolische Sache.

Es ist eine altbekannte Tatsache,
die jeder Mensch in seinem eigenen Leben erlebt,
daß das Positive dynamisiert,
und das Negative lähmt.

Alles, was Liebe, Freiheit, Geist, Suche heißt, wird immer Spannung miteinschließen.

Florian Kuntner

[23] Mk 8, 35

Eine Enzyklika des guten Humors wäre eine gute Idee. Einige Kapitel könnten ganz interessant sein:
– die Kunst, glücklich zu sein;
– die tiefe Oberfläche des Lächelns;
– die „Witz-Therapie";
– die Bajazzen des Reiches Gottes...

José Cristo Rey García

Wenn das Edle ein Leben
in den reinen und lichtvollen Höhen der Wahrheit
und Ehrlichkeit,
des Schönen, des Guten und des Gütigen ist,
dann verschwindet in ihm alles Negative,
denn das Negative ist Schatten.

Die Dynamik des Edlen bewirkt,
mit dem Licht die Finsternis abzuschaffen...
durch die guten Seiten die schlechten in jeder Hinsicht
verschwinden zu lassen.

Das Negative erschwert, das Positive beflügelt.

16) Der edle Mensch ist Optimist

Der Pessimismus ist
die Leugnung der entscheidenden Kraft des Guten.
Er führt zur Resignation.

Optimismus ist
der Glaube an die entscheidende Kraft des Guten
und des Fröhlichen.
Der Optimismus flößt Vertrauen und Freude ein.

Der edle Mensch sucht ständig die tiefe,
die weite, die reine Liebe...
Und wer liebt, glaubt an die gute Zukunft...
allem zum Trotz.

17) Der edle Mensch ist vornehm

Es gilt auch umgekehrt:
der vornehme Mensch ist der Edle.

Das Gegenteil von edel ist „gemein".
Und wenn das Wort gemein von „allgemein" kommt,
so bedeutet nun gemein,
was sogar unwürdig der Allgemeinheit ist.

Das „Gemeine" ist nun der Bereich der Niederungen.

Das Vornehme ist
der Bereich des gewachsenen Geistes...
der eleganten Harmonie...
der zuvorkommenden Liebe und Güte...
der bescheidenen Herzensgröße...

18) Der edle Mensch ist freundlich

Der edle Mensch
bleibt immer freundlich...

Der edle Mensch
fühlt sich erst recht dann zum Freundlichen aufgerufen,
wenn er am meisten Grund hätte, unfreundlich zu sein.

Die Freundlichkeit verleiht die Flügel,
um mit den anderen die reinen Höhen der Liebe,
der Harmonie, der Schönheit zu erreichen.

Freundlichkeit ist die Sichtbarkeit der Liebe.

Die Liebe ist Dynamik zur Einheit.

Die Freundlichkeit ist der Weg zur Einheit.

Immer freundlich aus ganzem Herzen zu bleiben -
das ist die Utopie des Edlen.

19) Der edle Mensch ist sympathisch

Die reinen Höhen des Edlen sind:

- Liebe in Güte und Schönheit;
- Freude, die aus der Harmonie stammt
  und mit der Harmonie beglückt;
- Freiheit in der Weite, die erweitert.

Der Mensch ist die Sehnsucht nach vollendeter Liebe
(Augustinus drückt es so aus: pondus meum amor meus
- mein Gewicht ist meine Liebe).

Der Mensch ist Leidenschaft für die Freude
(Thomas von Aquin drückt es so aus:
Der Mensch kann nicht *nicht* glücklich sein wollen.)[24]

[24] Summa cG XCII 92

„Herr Gott, mach, daß die bösen Menschen gut, und die guten Menschen freundlich werden.“

Gebet eines Kindes

Das Leben gibt uns das große Zeugnis,
daß die edlen Menschen sich die Herzen gewinnen,
weil sie sich die Herzen nicht gewinnen,
sondern weil sie Gewinn für die Herzen sein wollen.

20) Der edle Mensch ist Gentleman

Wir könnten sagen, daß Gentleman der edle Mensch in der Reinkultur des Freundlichen ist.

Kardinal Newman stellt den Gentleman so dar:

- „Der Gentleman ist
zartfühlend gegenüber dem Schüchternen;
- freundlich gegenüber dem Zurückhaltenden;
- barmherzig gegenüber dem Einfältigen;
- er hütet sich vor unvernünftigen Anspielungen
oder Gesprächsgegenständen, die verärgern können;
- er scheint der Nehmende,
wenn er der Gebende ist;
- er hat zu viel gesunden Menschenverstand,
um sich durch Beleidigungen gekränkt zu fühlen;
- er hat Besseres zu tun,
als sich an erlebtes Unrecht zu erinnern;
- er versetzt sich in den Geist seiner Gegner,
er berücksichtigt ihre Fehler;
- er handelt aus der Milde
und Verfeinerung des Gefühls,
die die Begleiterscheinung der Zivilisation sind!“

94.

Der edle Mensch veredelt

Alles Gute ist schön, ist ansteckend,
vor allem durch die Freude.

Das ist das Edle!

Das Edle ruft tiefe Bewunderung hervor...
und die Bewunderung Sehnsucht...
und die Sehnsucht Nachahmung.

Es gehört zum Edlen, Wege zu suchen,
daß alle und alles
vom Besten und Schönsten und Freundlichsten
erfaßt werden.

Wo ein edler Mensch ist, merkt man bald,
daß seine Umgebung immer edler wird.

95.

Das Edle ist gelungene Liebe

Daher das Überragende des Edlen,
das Einmalige des Edlen...
was für Thomas von Aquin
zentral und sogar wesentlich im Edlen ist:
die Vollendung.[25]

„Das Edle in Reinkultur"
wird auf dieser Welt Utopie bleiben.

Wie bei jeder Utopie ist dann ausschlaggebend:

– erstens. die Orientierung auf das ganz Edle,
das Bekenntnis dazu!

– zweitens: dann aber, von Horizont zu Horizont
immer weiter fortzuschreiten.

96.

Der Christ und das Edle

Das Evangelium - geballt in der „Bergpredigt" -
ist der göttliche Ruf zum Edlen.

Warum ist der Blick für das Edle
bei den Christen so selten?

[25] I II 5, 5 ad 2; 2 II, 145, 1; 5, 3 etc ...secundum modum, quo res habet esse, est suus modus in nobilitate...

Ihr seid
das Salz
der Erde –
doch bitter
schmecken
sollt ihr nicht!

Walter Rupp

Eine edle Kirche,
mit einem edel gesinnten Papst,
mit edel gesinnten Verantwortlichen,
mit allen edel gesinnten Gläubigen...,
ist das nicht das eigentliche Zeugnis des Evangeliums?
Ist das nicht der beste „Missionsauftrag" der Kirche?

Ist das nicht das Attraktivste der Glaubenden?

Ist das nicht die Erlösung,
die Beglückung,
die Befreiung aller Menschen?

Das Evangelium
-die Bergpredigt-
ist nichts anderes als Liebe in „Reinkultur".

Angebot Gottes: Meine Liebe ist ein reich gedeckter Tisch für Dich. Komm zu mir, daß wir fröhlich feiern.

Die „Magna Charta“ des Edlen

Aus dem Evangelium gelernt

1. Gott und Mensch sind eine Einheit.
   Der edle Mensch entwertet nie den Menschen
   wegen Gott
   und wertet Gott nicht gegen den Menschen auf.
   (Vgl. Mt 5, 23-24)

2. Alle Menschen sind Geschwister miteinander.
   Der edle Mensch erhebt sich
   über keinen Mitmenschen.
   (Vgl. Mt 6, 9; 23, 8; Joh 13, 13)

3. Die gesunde Luft des Edlen ist die Wahrheit
   und die Offenheit.
   (Vgl. Mt 5, 33-37; Joh 8, 32; Mt 10, 27)

4. Wer liebt, gibt ohne Maß.
   Der edle Mensch liebt ohne Maß
   und gibt (von sich aus) ohne Maß.
   (Vgl. Joh 3, 34; Mt 7, 2; Mk 4, 24; Lk 6, 38)

5. Der edle Mensch macht glücklich,
   weil er immer freundlich ist.
   (Vgl. Mt 5, 5)

6. Der edle Mensch macht glücklich,
   weil er Verständnis hat und zeigt,
   und weil er diskret zur Selbsthilfe hilft.
   (Vgl. Mt 5, 7)

7. Der edle Mensch macht echt glücklich,
   weil er ohne Hintergedanken glücklich macht.
   (Vgl. Mt 5, 8)

Der edle Mensch macht echt glücklich, weil er ohne Hinter-gedanken glücklich macht.

(Vgl. Mt 5, 8)

8. Der edle Mensch macht glücklich,
weil er immer Frieden mit Liebe, Freude
und Freiheit stiftet.
(Vgl. Mt 5, 9)

9. Den fröhlichen Geber liebt Gott.
Die Menschen lieben ihn auch.
Der edle Mensch schenkt,
um Freude zu bereiten.
Die Freude ist das schöne Gesicht der Liebe.
(Vgl. Mt 5, 42; 2 Kor 9, 7)

10. Der edle Mensch ist Salz der Erde,
durch ihn verliert sie nie den Geschmack.
Der edle Mensch ist Sauerteig bei den Menschen.
Wo er ist, ist wohltuende Lebendigkeit.
(Vgl. Mt 5, 13)

Den fröhlichen Geber liebt Gott.

2 Kor 9, 7

11. Das Edle ist Licht im Dunkeln.
Das Edle ist die sichtbare Schönheit in der Welt
- die Stadt auf dem Berg.
(Vgl. Mt 5, 14-16)

12. Der edle Mensch kennt keine Gewalttätigkeit.
Von sich aus setzt er alles daran,
Gewalttätigkeit ohne Gewalttätigkeit
abzuschaffen.
(Vgl. Mt 5, 39-42)

13. Der edle Mensch verzeiht immer... und so,
daß die anderen kaum merken,
daß etwas zu verzeihen ist.
(Vgl. Mt 6, 14; 18, 21)

14. Der edle Mensch bringt fertig,
aus einem Feind einen Freund zu machen.
(Mt 5, 43-48)

15. Der edle Mensch übersieht sogar
einen Balken im Auge der anderen!
Er übersieht nicht einmal den kleinsten Splitter
im eigenen Auge.
(Vgl. Mt 7, 3-4)

16. Der edle Mensch bringt fertig,
Böses mit Gutem zu vergelten.
(Vgl. Mt 5, 38-39)

17. Beim edlen Menschen ist das Gute
immer so selbstverständlich,
daß nicht einmal seine linke Hand merkt,
was seine rechte Gutes tut.
(Vgl. Mt 6, 1-4)

18. Der Blick des edlen Menschen sieht nur Gutes,
weil er ihn auf das Böse nicht lenkt,
weil das Böse seinen Blick nicht fangen kann.
(Vgl. Mt 6, 22-23)

19. Der edle Mensch weiß so zu helfen und zu dienen,
daß man glaubt,
daß die anderen eher ihm dienen.
(Vgl. Mt 23, 11; Mk 9,35; 10, 43)

20. Weil Menschen den ersten Platz suchen,
hat der edle Mensch
Freude mit dem letzten Platz.
Die Freude der anderen ist seine echte Freude.
(Vgl. Lk 14, 8-10)

Der edle Mensch bringt fertig, aus einem Feind einen Freund zu machen.

Der edle Mensch weiß sich frei in den Weiten des Lebens und des Herzens.

21. „Unkraut" verwirrt den edlen Menschen nicht;
er läßt es sogar wachsen,
denn seine Geduld ist wohltuender
und wirksamer.
(Vgl. Mt 13, 24-30)

22. Der edle Mensch beschränkt nicht sein Wohlwollen
und seine Wohltätigkeit auf die Guten;
Wohlwollen und Wohltätigkeit
lassen Gutes entstehen.
(Vgl. Mt 5, 45)

23. Der edle Mensch lebt gelassen;
die Gelassenheit -bis zum Humor-
ist das Gesicht der absoluten Hoffnung.
(Vgl. Mt 6, 25-34)

24. Der edle Christ weiß sich frei
in den Weiten des Lebens und des Herzens,
weil ein Zuverlässiger -Christus-
ihn wirklich frei gemacht hat.
(Vgl. Joh 8, 36)

Denn:

25. Gott ist die Liebe.
Wer liebt, hat Gott erkannt.
Wenn jemand liebt, der ist in Gott,
und Gott ist in ihm.
Und die Liebe hört niemals auf.
(Vgl. 1 Joh 4, 7-11; 1 Kor 13, 8)

„Bund der Freundlichkeit“

Eine Einladung

97.

Eine gute Hilfe

Vielleicht ist die glückliche Idee,
einen „Bund der Freundlichkeit“ zu bilden,
eine gute Hilfe, um die Liebe
„menschlich unter den Menschen werden zu lassen“. . .

*

Dazu einige Winke:

„Die Menschen kämmen und bringen jeden Tag ihr Haar zurecht. Warum nicht das Herz?“

Mahatma Gandhi

Bund der Freund-lichkeit

WIE DER BUND DER FREUNDLICHKEIT SICH KONSTITUIERT

• *Wesen*

Das Wesen unseres Bundes
ist das Wesen der Freundlichkeit.
Freundlichkeit ist Liebe, die sich
sichtbar, spürbar, erfahrbar mitteilt.
Mitgeteilte Liebe ist
die größte Bereicherung für die Menschen,
die niemand arm und alle glücklich macht.

• *Ziele*

Das eigentliche Ziel unseres Bundes ist
eine Welt in Frieden, in Harmonie, in Zufriedenheit.
In Geschichte und Gegenwart
hat es zu viel Perverses unter den Menschen gegeben:
Krieg, Entzweiung, Mißtrauen, Unglück . . .
Das Ziel unseres Bundes ist,
diese negativen Wirklichkeiten umzukehren,
so daß unsere Erde ein Zuhause für alle wird.

• *Die Mittel*

Für die großen Ziele unseres Bundes
kommt in Frage als „Mittel" nur die menschliche Person
mit einem frischen, warmen und fröhlichen Herzen.
Besitz, Technik, Wohlstand

„Freundlichkeit ist eine Sprache, welche die Stummen sprechen, die Tauben hören können."

Christian N. Bovee

werden das Herz nie ersetzen können.
Das Herz dagegen kann alles ersetzen.

• *Mitgliedschaft*

Mitglied unseres Bundes kann jeder Mensch werden!
Alle sind eingeladen, niemand ist ausgeschlossen!
Für Datenschutz der Mitgliedschaft ist bestens gesorgt,
denn nur Gott führt die Listen!
Soviel ist uns trotzdem bekannt:
zu unserem Bund bekennen sich
hunderttausende Menschen ...
Wir sind kein Verein, wir wissen uns aber vereint.

• *Ausweis*

Unser Ausweis ist unsere erlebte Großherzigkeit.
In der Enge ...
in der Engherzigkeit ist Angst und Beklemmung.
In der Großherzigkeit ist
Befreiung und „Schwerelosigkeit".
Unsere Großherzigkeit will der ganzen Welt zeigen,
daß alle und alles ...
mit Größen und Schwächen
bei uns Platz finden können.
Durch Respekt und Toleranz
wird die Gesellschaft und die Gemeinschaft
möglich und menschlich!

• *Aufnahme*

Wann, wie, wo
jemand in unseren Bund aufgenommen wird,
wird ihm (ihr) selbst überlassen ...

„Die Welt wird sich ändern aufgrund deines Lächelns ... Sitzen, lächeln, Dinge ansehen, sie wirklich zu sehen – das ist die Basis der Friedensarbeit."

Thich Nhat Hanh

wenn er (sie) sich nur zur echten Freundlichkeit bekennt.
Wir machen nur aufmerksam,
daß wir schnell viele Mitglieder brauchen,
denn es ist auf unserem Planeten eiskalt
aus Mangel an Freundlichkeit.
Wer meinen sollte,
die Freundlichkeit sei nur eine „nette Sache",
soll sich bewußt werden,
daß es um etwas Entscheidendes geht:
um das Überleben der Herzen.

• *Probezeit*

Die Probezeit in unserem Bund dauert das ganze Leben.
Der Mensch ist ein Wesen mit vielen Mängeln,
und keinem Menschen gelingt es,
sogar in einem langen Leben,
all seine Mängel abzuschütteln . . .
Das „Cottidie coepi – jeden Tag fang ich neu an",
gilt für uns voll und ganz.
Freundlicher kann man immer werden.

„Liebe, Liebe, Liebe, das ist die Seele des Genies."

Wolfgang Amadeus Mozart

• *Mitgliedsbeitrag*

Unser Mitgliedsbeitrag ist sehr hoch!
Es werden niemandem Prozente nachgelassen.
Unser Beitrag ist die Güte unserer ganzen Person!
Die Güte in Worten und in Taten!
Wer knauserig mit diesem Beitrag ist,
schadet nicht nur unserem Bund,
sondern macht es vor allem schwer, sogar unmöglich,
die Ziele unseres Bundes überall zu erreichen.
Der Beitrag wird vom eigenen Gewissen eingehoben.

„**Selig, die über sich selbst lachen können, denn sie werden immer genug Unterhaltung haben.**“

Joseph Folliet

• *Entlassung*

Wir können in unserem Bund
keinen Grund für die Entlassung finden.
Daß man immer wieder die Freundlichkeit vergißt . . .
daß man sogar immer wieder
gegen die Freundlichkeit verstößt . . .
ist erst recht ein Grund,
um in unserem Bund zu bleiben.
Wir wollen ja Unfreundlichkeit überwinden!
Die Tür unseres Bundes bleibt immer offen!
Die Freundlichkeit lädt sogar die Unfreundlichen ein . . .
wenn sie nicht geben,
dann werden sie schon empfangen.

• *Abzeichen*

Unser Abzeichen ist unser fröhliches Gesicht!
Augen, die die Liebe des Herzens
und die Hochschätzung für die anderen ausstrahlen!
Das Lächeln, in dem man Wohlwollen spürt!
Ohren, die offen für jede Mitteilung sind.

WIE UNSER BUND DER FREUNDLICHKEIT SICH VERWIRKLICHT

Unsere Normen

1)
Ich werde alle Menschen hochschätzen
und Respekt vor ihnen haben.

Noch mehr:
die Mitglieder unseres Bundes wollen jedem Menschen
aus der inneren, edlen Freiheit
mit Hochschätzung begegnen,
damit in jedem Menschen auch
die innere, edle Freiheit des Herzens hervorgerufen wird.

2)
Ich werde mich bemühen,
dem Leben die freudigen Seiten abzugewinnen,
um die anderen Menschen mit Freude anzustecken.

Eine der schönsten Eigenschaften der Freude ist,
daß sie ansteckend wirkt!
Der Mensch ist erst recht Mensch in der Freude.

3)
Ich werde immer lächeln,
aber nicht nur mit dem Mundwinkel,
sondern mit meiner ganzen Person –
vor allem mit dem Herzen.

Einem Lächeln kann auf lange Sicht
niemand widerstehen!
Eine adäquate Unterscheidung der Gesichter lautet:
– nicht lächelnde Gesichter,
– lächelnde Gesichter!

„Wir sind der festen Überzeugung, daß es zum guten Geschmack gehört, daß man öfters lächelt.“

Missa Jove

„Selig seid ihr, wenn ihr fähig seid, das Verhalten der anderen immer mit Wohlwollen zu interpretieren, auch wenn der Anschein dagegen spricht, denn ihr werdet zwar für naiv gehalten werden, aber das ist der Preis für die Liebe."

Joseph Folliet

4)

Ich werde meinen Blick vorwiegend auf das Gute richten – vor allem bei den Menschen –.

Das Gute, vor allem bei den Menschen,
sehen und warm anerkennen,
kann Wunder der Menschlichkeit wirken.

5)

Ich werde das Negative bei den Menschen übersehen.
Bin ich verantwortlich, es zu korrigieren,
werde ich es gütig, geduldig
und mit viel Verständnis und Feingefühl tun.

Wie recht hat Reinhold Schneider, wenn er schreibt:
„Ich sage nicht,
daß der das Gute findet, der es sucht.
Aber wer das Schlechte sucht, findet es gewiß . . .
Und doch fordert es sehr viel mehr Verstand,
das Gute zu erkennen als das Schlechte . . .
und sehr viel mehr Willen, Ethos, Humanität,
menschliche Weisheit, Persönlichkeit." (WINTER IN WIEN)

6)

Ich werde die Meinung der anderen
von ihrer Gesinnung aus in Ehrlichkeit betrachten.

Der kürzeste Weg zum Menschen ist, ihn zu verstehen.
Der kürzeste Weg zum Herzen ist
Offenheit und Ehrlichkeit: Vertrauen.

7)

Ich werde die anderen reden lassen und sie aufmerksam anhören.

Menschen reden lassen
und sie mit Interesse anhören –

das ist eine der größten Wohltaten auf dieser Welt.
Einen Menschen reden zu lassen
und ihn sogar mit Fragen dazu zu animieren,
kann unter Umständen
die große Befreiung für ihn bedeuten.

8)

Ich werde gern auf mein Recht verzichten,
soweit mein Gewissen es erlaubt.

Der größte Heilige unter den Humanisten . . .
der größte Humanist unter den Heiligen,
Franz von Sales, hat geschrieben:
„Eine Unze Liebe wiegt mehr als eine Tonne Recht."
Rechthaberische Menschen
sind meistens taub und blind für die Wirklichkeit . . .
und verletzend für die Mitmenschen.

„Eine Unze Liebe wiegt mehr als eine Tonne Recht."

Franz von Sales

9)

Ich werde meine Fehler sofort eingestehen,
gegebenenfalls um Entschuldigung bitten.

Fehler zugeben, vor allem wenn man Menschen
getroffen, beleidigt, gereizt hat,
bewirkt meistens Entspannung
und entwaffnet den anderen.
Man braucht Demut, um Fehler einzusehen,
einzugestehen und um Verzeihung zu bitten.
Teresa von Avila hat gesagt:
„Demut besteht darin, in der Wahrheit zu wandeln!"
Und Christus sagt im Evangelium:
„Die Wahrheit wird euch frei machen!"
Es stimmt:
die Wahrheit als Demut
oder die Demut als Wahrheit
macht frei!
Die Erfahrung bestätigt es.

10)

Ich werde das Wort „Nein" möglichst vermeiden,
besonders auf eine Bitte hin.
Muß ich etwas abschlagen,
dann werde ich es so machen,
daß man es nicht als Mangel an Bereitschaft empfindet.

Ein Nein auf eine Bitte hin
ist für den Menschen immer schmerzlich!
Ein Nein auf eine Bitte um Hilfe,
wenn man in Not ist, ist verdemütigend!
Das will sicher kein Mensch für sich!
Das sollte also kein Mensch einem anderen antun.
Das konkrete Leben
wird uns von selbst viele Grenzen setzen,
so daß wir nicht immer und bei allem
mit einem Ja antworten können.
Aber was die Grenzen des Lebens auferlegen,
sollte die Größe des Herzens
immer noch liebevoll ausdrücken können.

„Wer nicht zuweilen zuviel und zu weich empfindet, der empfindet gewiß immer zuwenig."

Jean Paul

11)

Ich werde mich bemühen,
feinfühlig und edel zu sein.

Den Menschen wird es manchmal kalt,
nicht weil das große Feuer der Sonne fehlt,
sondern weil sie keinen Herd in der Wohnung haben.
So frieren auch viele Menschen im Herzen,
nicht weil das Notwendige für das Leben fehlt,
sondern weil die Feinheit der Liebe fehlt.
Alles, was Schatten,
alles, was Trübes ist,
verschwindet auf den Höhen des Edlen.
Der edle Mensch
läßt Neid, Egoismus, Leidenschaften nicht zu.

12)
Ich werde den Bund der Freundlichkeit weiterempfehlen.

Alles Gute will sich selbst verschenken!
Und alles Freudige muß sich selbst verströmen!
Das Beste im Himmel und auf Erden ist die Liebe!
Und die Liebe kann nichts besseres tun,
als sich selbst mitzuteilen!
In irgendeiner Weise ist jede Mitteilung der Liebe Freundlichkeit.
Um die neue Erde in Liebe, Freude, Freiheit zu bauen,
wünscht sich der Bund der Freundlichkeit
viele, viele Mitglieder.

„Das Glück ist eine wunderbare Ware: je mehr man es weitergibt, desto mehr behält man für sich.“

Blaise Pascal

„Dem Geist Christi kann niemand widerstehen."

Mahatma Gandhi

98.

Christi Hoheslied der Liebe

**Eine neue Sendung gebe ich euch,
die Sendung der Liebe:
Liebt einander, wie ich euch geliebt habe.
Daran wird man erkennen,
daß ihr meine Jünger seid, daß ihr einander liebt.[1]
Was ihr dem Geringsten meiner Schwestern
und Brüder getan habt, das habt ihr mir getan.[2]
Wie der Vater mich geliebt hat,
so habe ich euch geliebt.
Bleibt in meiner Liebe.[3]
Dies habe ich euch gesagt,
damit meine Freude in euch ist,
und damit eure Freude vollkommen wird.[4]
Ich nenne euch Freunde,
denn ich habe euch alles mitgeteilt,
was ich von meinem Vater gehört habe.[5]
Ich habe euch befreit, ihr seid wirklich frei.[6]
Niemand bezeugt die Liebe so gut, wie derjenige,
der das Leben für den Freund hingibt.[7]
Der ist groß bei euch, der den anderen dient;
auch ich bin zu euch gekommen,
um euch zu dienen.[8]
Liebt eure Feinde
und betet für die, die euch verfolgen,
damit ihr Söhne eures Vaters im Himmel werdet.
Er läßt seine Sonne aufgehen über Bösen und Guten,
er läßt regnen über Gerechte und Ungerechte.[9]
Verzeiht allen, wie der Vater euch immer verzeiht.[10]
Seid barmherzig, wie es auch euer Vater ist![11]
Der Vater liebt die Menschen so sehr,
daß er seinen eingeborenen Sohn gesandt hat,**

---

[1] Joh 13, 34–35; [2] Mt 25, 40; [3] Joh 15, 9; [4] Joh 15, 11; [5] Joh 15, 15; [6] Joh 8, 36; [7] Joh 15, 13; [8] Mt 20, 26. 28; [9] Mt 5, 44–45; [10] Mt 18, 32; 6, 12; [11] Lk 6, 36;

damit alle gerettet werden.[12]
Er sorgt für euch.
Macht euch nicht ängstlich Sorgen.[13]
Nennt Gott „guter Vater“ (Abba).
Macht nicht komplizierte Worte,
wenn ihr mit ihm sprecht,
er versteht euch, bevor ihr mit ihm sprecht.[14]
Frieden hinterlasse ich euch,
meinen Frieden gebe ich euch.[15]

*

Vater, bewahre sie in der Einheit.[16]
Sie sollen vollendet sein in der Einheit,
damit die Welt erkennt,
daß du mich gesandt hast
und die Meinen ebenso geliebt hast, wie mich.[17]

99.

Das Hohelied der Liebe nach Johannes
(vgl. 1 Joh 4, 7-21)

„Gott ist die Liebe.“

Die Bibel

Die Liebe ist aus Gott.
Jeder, der liebt, stammt von Gott
und erkennt Gott.
Wer nicht liebt, hat Gott nicht erkannt;
denn Gott ist die Liebe.
Die Liebe Gottes wurde
unter uns dadurch offenbart,
daß Gott seinen einzigen Sohn
in die Welt gesandt hat,
damit wir durch ihn leben.
Nicht darin besteht die Liebe,
daß wir Gott geliebt haben,
sondern daß er uns geliebt
und seinen Sohn

---

[12] Joh 3, 16; [13] Lk 12, 22–32; [14] Mt 6, 5–9; [15] Joh 14, 27; [16] Joh 17, 11;
[17] Joh 17, 23;

zur Überwindung unserer Schwächen gesandt hat.
Wenn Gott uns so geliebt hat,
werden auch wir einander lieben.
Niemand hat Gott je geschaut;
wenn wir einander lieben,
bleibt Gott in uns,
und seine Liebe ist in uns vollendet.
Wer in der Liebe bleibt,
bleibt in Gott,
und Gott bleibt in ihm.
Darin ist unter uns die Liebe vollendet,
daß wir am Tag des Gerichts Zuversicht haben.
Denn wie er, so sind auch wir in dieser Welt.
Furcht gibt es in der Liebe nicht,
sondern die vollkommene Liebe
vertreibt die Furcht.
Die Furcht rechnet mit der Strafe,
und wer sich fürchtet,
dessen Liebe ist nicht vollendet.
Wir lieben,
weil er uns zuerst geliebt hat.
Diesen Auftrag haben wir von Christus:
Wer Gott liebt, soll auch seinen Bruder,
seine Schwester, lieben.

„Stark wie der Tod ist die Liebe.“

Die Bibel im Hohelied der Liebe 8

100.
Das Hohelied der Liebe nach Paulus
(1 Kor 13)

Wenn ich in den Sprachen
der Menschen und Engel redete,
hätte aber die Liebe nicht,
wäre ich dröhnendes Erz oder eine lärmende Pauke.
Und wenn ich prophetisch reden könnte
und alle Geheimnisse wüßte
und alle Erkenntnis hätte;
wenn ich alle Glaubenskräfte besäße

und Berge damit versetzen könnte,
hätte aber die Liebe nicht,
wäre ich nichts.
Und wenn ich meine ganze Habe verschenkte,
und wenn ich meinen Leib dem Feuer übergäbe,
hätte aber die Liebe nicht, nützte es mir nichts.
Die Liebe ist langmütig,
die Liebe ist gütig.
Sie ereifert sich nicht,
sie prahlt nicht,
sie bläht sich nicht auf.
Sie handelt nicht ungehörig,
sucht nicht ihren Vorteil,
läßt sich nicht zum Zorn reizen,
trägt das Böse nicht nach.
Sie freut sich nicht über das Unrecht,
sondern freut sich an der Wahrheit.
Sie erträgt alles,
glaubt alles,
hofft alles,
hält allem stand.
Die Liebe hört niemals auf.
Prophetisches Reden hat ein Ende,
Zungenrede verstummt,
Erkenntnis vergeht.
Denn Stückwerk ist unser Erkennen,
Stückwerk unser prophetisches Reden;
wenn aber das Vollendete kommt,
vergeht alles Stückwerk.
Als ich ein Kind war,
redete ich wie ein Kind,
dachte wie ein Kind
und urteilte wie ein Kind.
Als ich ein Mann wurde,
legte ich ab, was Kind an mir war.
Jetzt schauen wir in einen Spiegel

„Die Liebe hält allem stand."

Paulus von Tarsus

und sehen nur rätselhafte Umrisse,
dann aber schauen wir von Angesicht zu Angesicht.
Jetzt erkenne ich unvollkommen,
dann aber werde ich durch und durch erkennen,
so wie ich auch durch und durch
erkannt worden bin.
Für jetzt bleiben Glaube, Hoffnung, Liebe, diese drei;
doch am größten unter ihnen ist die Liebe.

Entdeckte Liebe

Ergreife das Lächeln
schenk es dem, der es nie gehabt hat.

Ergreife den Sonnenstrahl,
laß ihn fliegen dahin, wo die Nacht herrscht.

Entdecke eine Quelle,
und laß die darin baden,
die bis jetzt im Lehm gelebt haben.

Ergreife eine Träne,
versetz sie auf das Gesicht derer,
die nie geweint haben.

Ergreife den Wagemut,
bring ihn in die Seele derer hinein,
die noch nicht zu kämpfen gelernt haben.

Entdecke das Leben,
erzähl es denen, die es nicht zu verstehen wissen.

Ergreife die Hoffnung
und lebe in ihrem Licht.

Ergreife die Güte
und schenk sie denen,
die nicht zu schenken wissen.

Entdecke die Liebe
und laß die Welt sie erkennen.

Mahatma Gandhi

Freude

Elixier für Leib und Seele

EIN FREUDIGES MANIFEST

WIR ERKLÄREN:
Ab heute werden alle Tage Festtage sein.

WIR ERKLÄREN:
Wann ein Tag ein Feiertag ist,
entscheidet das Herz,
und nicht, ob er arbeitsfrei ist.

WIR SIND DER MEINUNG:
Wer zum Wohl der Gemeinschaft beiträgt. . .,
wer einen neuen Grund findet,
zu feiern und sich zu freuen,
wird als der Erste unter uns gelten.

WIR ERKLÄREN:
Alle Münzen werden für eine begrenzte Zeit
und als Probe eine einzige Seite haben:
die gute!

WIR ERKLÄREN:
Alle Spielverderber sind bei uns illegal –
ebenso die Verbitterten, die Pessimisten
und alle, die die Initiativen umbringen,
bevor sie geboren werden.

WIR BLEIBEN BEI DER EINSTELLUNG,
daß dauerhafte Verstöße
gegen die Freude im Alltag
als Vergehen betrachtet werden,
die man prophetisch anzeigen muß.

WIR ERKLÄREN:
Jedes Wort, das nicht anspornt
und Freude bereitet,
ist ein entsprungener Übeltäter
und eine soziale Gefahr.

WIR SIND DER FESTEN ÜBERZEUGUNG,
daß es zum guten Geschmack gehört,
daß man öfters lächelt.

WIR BETRACHTEN
als einen Sieg auf dem Feld des Feindes,
daß man über sich selbst lachen kann.

WIR ERKLÄREN GANZ ENTSCHLOSSEN:
Die Ängste, die Entmutigungen
und die Bedrückungen
sind Gespenster aus der Phantasie,
und man wird ihnen deshalb
jeden Personalausweis entziehen.

WIR ERKLÄREN
die Traurigkeit, die schlechte Laune
und die Verzweiflung als subversiv.

WIR ERKLÄREN:
Dank der unaussprechlichen Liebe
unseres Gottes
und in Anbetracht
der demokratischen Sehnsüchte des Volkes
befindet sich die Welt
in einem permanenten Zustand der Hoffnung.

(Aus der „Missa Jove")

Bedeutung der Freude

„**Ein liebendes Herz ist ein frohes Herz.**“

Mutter Teresa von Kalkutta

1.

Freude macht glücklich

Die ganze Welt sehnt sich nach der Freude.
Der Mensch in der Freude braucht nichts mehr.
Wer in der Freude lebt, fühlt sich glücklich.
Den Wert des Lebens bestimmt die Freude . . .
Entweder hat man sie, oder man erwartet sie,
jedenfalls sehnt man sich immer danach.

2.

Die Freude hilft zur Gesundheit

Der Mensch ist in seiner Gesundheit immer bedroht!
Und der Mangel an Gesundheit
wird ihn einmal in den Tod bringen.
Es gibt immer Hilfen für die Gesundheit des Menschen.
Auf Dauer ist die beste Hilfe für die Gesundheit
die Freude.
Die Freude ist nicht nur Sache des Geistes,
auch nicht nur Sache des Gefühls,
die Freude setzt den ganzen Menschen in Bewegung,
zur Steigerung des Guten und Heilenden.

3.

In der Freude ist man der Wahrheit näher

Die Wut verzerrt die Wirklichkeit.
Der Egoismus zerstört die Wirklichkeit.
Die Traurigkeit verdunkelt die Wirklichkeit.
Die Freude erhellt die Wirklichkeit.

Erfahrung und Wissenschaft bestätigen es:
Erst in der Freude ist der Mensch der Wahrheit näher.

4.

Die Dynamik der Freude

Die Traurigkeit lähmt.
Der Pessimismus entmachtet.
Die Lauheit entkräftet.
Die Freude beflügelt.
Die Freude fliegt nicht nur über die Hindernisse hinweg,
die Freude schafft Hindernisse ab,
die Freude findet neue Wege . . .
Nicht selten, wo alle die Tafel aufstellen:
„Sackgasse“,
behält die Freude allein recht:
es geht doch weiter!

5.

Die Freude schafft Gemeinschaft

Im Spaß, im Witz,
finden sich die Menschen sehr leicht zusammen.
Gemeinsames Lachen bringt die Herzen zusammen.
Mühe, Belastung,
Leiden, Schmerz . . . für die Mitmenschen
können tiefe Einheit schaffen.
Warum will der Mensch Leid und Schmerz
bei sich und bei den anderen abschaffen?
Nicht der Schmerz eigentlich, die Herausforderung
zur Hingabe durch den Schmerz verbindet.
Und Hingabe ist Freude.
Die Glut der Freude
unter der Asche des Leidens entscheidet.
Sinnvolles Leiden
steht im Dienste der Freude,
und die Freude
im Dienste der Menschen.

„Wir erklären: alle Spielverderber sind bei uns illegal – ebenso die Verbitterten, die Pessimisten und alle, die die Initiativen umbringen, bevor sie geboren werden.“

Missa Jove

Was ist die Freude?

„Ihr seid die Freude der Welt. Wenn aber die Freude traurig wird, womit wird sie fröhlich werden, sagt mir?“

J. S. Bautista

6.
Verwechslungen

Das Wort Freude ist eigentlich
vom Wort Liebe nicht zu trennen.
Auch das Los von beiden Worten
in der Geschichte ist ähnlich.
Es gibt viele Profanierungen des Wortes Liebe.
Es dürfte nicht weniger Profanierungen
des Wortes Freude geben.
Profanierung des Wortes Freude ist:
Freude mit Vergnügen zu verwechseln.
Freude mit Genuß zu verwechseln.
Freude mit guter Laune und Stimmung zu verwechseln.
Freude mit Ansehen zu verwechseln.
Freude mit Erfolg zu verwechseln.
Freude mit Geld zu verwechseln
Freude mit Besitz zu verwechseln.
Freude mit Zerstreuung zu verwechseln.
Freude mit Faulheit zu verwechseln.
Freude mit Bequemlichkeit zu verwechseln.

Fast überall kann die Freude sein,
aber nicht alles ist Freude.
Fast alles kann zur Freude beitragen,
fast alles kann Ausdruck der Freude sein,
aber nicht alles ist Freude.

7.
Gefühl oder Laune sind noch nicht Freude

Weder „Epikur“ ist der Philosoph der Freude,
noch die „Stoiker“ fanden das „Reich“ der Freude.
Wer sich treiben läßt, begegnet nicht der Freude!
Wer nichts ersehnt, findet auch nicht die Freude!

Dem Gefühl freien Lauf lassen, ist noch nicht Freude.
Kein Gefühl zulassen, ist keine Garantie der Freude.

8.
Was ist Freude?

Freude, ganz allgemein, ist das Erleben der Harmonie.
Je mehr Harmonie,
desto mehr Voraussetzung für die Freude!
Je mehr Erleben der Harmonie,
desto mehr Steigerung der Freude.
Die Freude läßt sich so wenig definieren wie die Liebe.
Was Liebe ist, weiß, wer liebt und geliebt wird.
Was Freude ist, weiß, wer freudig ist,
Freude schenkt und Freude empfängt.

Der Versuch einer Definition:
Die Freude ist die Seelenstimmung,
die innere Erfahrung, aus dem Bewußtsein,
aus dem Erlebnis der Ordnung,
die die ganze Person erfaßt.

9.
Leichte Freude?

Man täusche sich nicht:
Die Freude ist wohl auf der einen Seite
das Einfachste auf dieser Welt
und in der ewigen und unendlichen.
Doch auf der anderen Seite
ist die Freude das Anspruchsvollste.
Vollendete Freude ist nur in der vollendeten Ordnung.
Unendliche Freude ist nur beim unendlichen Gott.
Die Freude verspricht wohl alles!
Die Freude verlangt auch alles.

„Und so habe ich erkannt, daß das beste von allem ist, froh zu sein und gute Werke zu vollbringen, solange wir leben.“

Kohelet

„Alle Tiere, mit Ausnahme des Menschen, wissen, daß der Hauptzweck ihres Lebens ist, es zu genießen."

Samuel Butler

10.

Freude und Friede

Echter Friede, Friede der Herzen,
liegt in der Beziehung der Liebe,
die von Bedrohung und Angst befreit.
Ein Feind ist immer eine Bedrohung.
Bedrohung und Angst, das sind
die Zerstörer der menschlichen Harmonie.
Wo Friede, da gesunde Atmosphäre der Freude.

11.

Freude und Zufriedenheit

Zufriedenheit ist Bejahung.
Kann der Mensch alles in seinem Leben bejahen?
Der Fatalist vielleicht.
Und der Gläubige?
Gott ist immer größer!
Der Gläubige kann nur unzufrieden in der Zufriedenheit
und zufrieden in der Unzufriedenheit sein.
Und der Atheist?
Gibt es so etwas?
Gibt es einen Menschen, der nicht eine letzte Antwort
auf die letzte Frage sucht?

12.

Freude und das geistige Genießen

Es gibt auch ein geistiges Genießen
(das Gaudium der Lateiner).
In irgendeiner Weise ist Freude immer
ein Außersichgeraten.
Paradoxon des Menschlichen:
Geistig außer sich geraten bedeutet sich ganz finden.

Genuß ohne Geist ist
Entmenschlichung des Guten.
Die Freude bringt zum geistigen Genießen,
das geistige Genießen bringt zur Freude.
Noch mehr: Freude „verklärt“ jeden Genuß.

13.
Freude und Fröhlichkeit

Der eigentliche Sitz der Freude ist
die letzte Tiefe des Herzens.
Bahnt sich die Freude den Weg
wie Lava in einem Vulkan
bis zur Explosion, wird sie zur Fröhlichkeit.
Fröhlichkeit ist das Licht, das Feuer,
das „Feuerwerk“ der Freude.
Nicht selten braucht die Freude in der Tiefe
„Erleichterung“, damit sie leichtgewichtig hinausspringt.

14.
Freude und Jubel

Wer bewundert, jubelt.
Wer Grund hat zur freudigen Dankbarkeit, der jubelt!
Wer Grund hat zu einer großen freudigen Dankbarkeit,
der weiß erst recht, was Jubel ist.
Wer fähig des Großen ist, wird in seinem Jubel
Mystiker, Dichter, Sänger, Tänzer.

15.
Freude und Heiterkeit

Der Mensch wird dem gleich,
was er mit Sehnsucht lange „anschaut“.
Wer lange die Freude in der Tiefe des Herzens fördert,
wer oft und lange die Fröhlichkeit pflegt,
wird eines Tages von der Heiterkeit getragen werden.
Heiterkeit setzt Reife in der Freiheit voraus.

„Freuden sind unsere Flügel, Schmerzen, unsere Sporen.“

Jean Paul

Heiterkeit ist die Blume auf dem Feld des Edlen,
wenn man den Blick für das Gute bewahrt!
Heiter ist, wer seine Lust für das Schöne
und das Geistreiche bewahrt.

16,
Lachen

Das Lachen (vom Lächeln bis zum Gelächter)
ist ein Phänomen mit tausend Gesichtern.
Recht hat, wer gesagt hat:
„Lachen, das ist der Geist, der niest“ (LEWIS).
Recht hat, wer gesagt hat:
„Lachen heißt: schadenfroh sein,
aber mit gutem Gewissen“ (NIETZSCHE).
Recht hat, wer gesagt hat:
„Lachen ist der Schluckauf des Narren“ (RAY).
Recht hat, wer gesagt hat:
„Nachsichtiges Lachen ist
die grausamste Form der Verachtung“ (BUCK).
Vielleicht trifft aber am besten, wer gesagt hat:
„Lachen ist der Tonfall des Geistes“ (GONCOURT).

„Nur der Mensch ist das lächelnde Wesen, wenn er es ist.“

Christa Sophie

17.
Das lachende Gesicht

Das Lachen aus Freude ist ihr Endprodukt,
das sie aber nicht verkaufen, nur schenken kann.
Das Lachen der Freude
ist wie ein Aufstrahlen im Gesicht des Menschen,
das die schönste Seite des Geistes sichtbar macht.
Um zu lachen, muß man nur ein paar Muskeln bewegen!
Mit dem Lachen aber

kann man die ganze Welt bewegen.
Das Lachen der Freude ist ein Spiegel,
in den man gern schaut.
Die Wirkung ist immer gut,
sogar beim Lachenden selbst.

18.

Humor

Die reife Freude erkennt ihre Vollendung im Humor.
Der humorlose Mensch macht aus seinem Leben
einen Weg in Nebel und Verdunkelung . . .
für sich und für die anderen!
Humor, das ist der Hochdruck
in der menschlichen Lebensatmosphäre,
der immer die Sonne der Freude scheinen läßt.
Mit der Freude erklimmt man den Gipfel des Humors.
Mit dem Humor
rettet man die Freude aus den Niederungen.
Nur der Mensch,
der mit den Füßen der Großherzigkeit und Großmütigkeit
von Gipfel zu Gipfel zu wandern vermag,
ist fähig des letzten Humors.

„Witz ist glitzernder Schaum der Oberfläche. Humor ist die Perle aus der Tiefe."

Sirius

19.

Spaß, Witz und Schabernack

Der freudige Mensch hat keine Sorge um den Ernst.
Der freudige Mensch erlebt auch gern den Spaß:
Spaß besteht darin,
dem Ernst die unangenehme Spitze zu nehmen
und obendrein darüber zu lachen.
Der freudige Mensch liebt auch den Witz!
Witz ist ja ein Rätsel mit liebevollem Spott.
Der freudige Mensch liebt den Schabernack!
Die Freude verwandelt jede Neckerei in Spaß.

20.
Freude und Gemütlichkeit

Die Freude fühlt sich wohl in der Gemütlichkeit!
Was wäre die Freude ohne Gemüt?
Was wäre aus dem Gemüt ohne Freude?
Was wäre aus dem Leben ohne Gemütlichkeit?
Schlimm wäre eine Gemütlichkeit ohne Leben . . .
in Schläfrigkeit.
Die Ruhe der Gemütlichkeit, die Gelassenheit,
müßte mit der Spannung des Schöpferischen
zur Fruchtbarkeit gepaart sein.

21.
Freundlichkeit

Die Freundlichkeit ist
die Sakramentalität der Liebe und der Freude.
Echte Freundlichkeit ist die Tochter des Wohlwollens.
Wo Wohlwollen, da Wohlgefühl.
Beim Freundlichen fühlt sich jeder wohl.
Wer Freude ausstrahlt, macht glücklich.
Nicht Schönheit, Freundlichkeit macht sympathisch.
Sympathie ist gleiche Welle, Gleichklang,
unter den Menschen.
Freundlichkeit ist der freudige Sender,
mit dem jedes Herz leicht syntonisieren kann.

„Hier mein Geheimnis. Es ist ganz einfach: man sieht nur mit dem Herzen gut. Das Wesentliche ist für die Augen unsichtbar."

Antoine de Saint-Exupéry

Feinde der Freude

22.
Unordnung

Jede kleine Unordnung
ist eine Stichelei gegen die Freude.
Viele Sticheleien gegen die Freude
können sie sehr beeinträchtigen.
Große Unordnung,
totale Unordnung,
wesentliche Unordnung,
vor allem im Geiste, im Herzen,
kann der Tod der Freude sein.
Es gibt aber auch:
Wer zur wesentlichen Harmonie hält,
wird die Reife haben,
wie Gott alles andere zu „ignorieren".
Echte Liebe läßt sich nicht so leicht stören.

23.
Traurigkeit

Das Gegenteil von Freude ist Traurigkeit.
Der Mensch ist ein ringendes Wesen.
Die Harmonie des Menschen besteht wesentlich
in seinem Ringen.
Ringen ist Hoffnung!
Der Mensch ohne Hoffnung hört auf zu ringen!
Der Mensch, der nicht ringt, ist orientierungslos!
Das Erleben der Orientierungslosigkeit,
das Erleben der Hoffnungslosigkeit,
das Erleben der Sinnlosigkeit, das ist die Traurigkeit.

24.
Ärger

„Die Freude wird selten von der Traurigkeit gestört —

„Unsere Leben sind Lieder. Gott schreibt den Text und wir die Musik, die wir wünschen. Der Gesang wird froh oder traurig, je nachdem, wie wir den Takt dazu halten."

Ella Wheler Wicok

„Wenn wir den Menschen die Angst und die Furcht nehmen könnten, könnten wir sie zu halben Göttern machen.“

Friedrich v. Schiller

eher vom Ärger.
Der Ärger ladet und entladet schnell.
Die Geladenheit des Verärgerten
bedeutet Kreislaufspannung,
besonders Spannung der Herzgefäße,
von denen die so wichtige Durchblutung
des Herzmuskels abhängt.
Die Entladung im Zorn beansprucht
die Herz- und Gehirngefäße.
Sie geht mit einer Ausschüttung
von Wirkstoffen der Nebenniere
und mit großen Blutdruckschwankungen einher.
‚Blaß vor Zorn‘, ‚Rot und blau vor Wut‘,
sagen uns, wie sehr unser Herz beteiligt ist;
‚Gelb und grün vor Ärger‘,
wie oft Leber und Galle darunter leiden;
‚Man könnte aus der Haut fahren‘,
daß Ärger und verhaltener Zorn
zu Hautkrankheiten führen können.
Wie ganz anders wirkt die Freude!
Alle Vorgänge werden leichter,
weil sie sich mit weniger innerer Reibung vollziehen.
Die Drüsen,
die ihre Wirkstoffe unmittelbar ins Blut abgeben,
arbeiten harmonisch,
körperliche und seelische Verkrampfungen
sind einer Gelöstheit gewichen.
Wer sich freut, ist der Wirklichkeit näher,
dem Trost zugänglicher,
ruhiger, vollkommener.“ (Dr. Georg Volk)

25.

Angst

Die Angst entsteht aus einer Bedrohung . . .
Die Angst wird dann selbst zur großen Bedrohung!
Bedrohung zielt in irgendeiner Weise

auf Zerstörung und Vernichtung hin.
Deshalb ist die Angst der Erzfeind der Freude.
Wer auf Sand baut,
kann immer von der Angst bedroht werden.
Wer auf Granit baut,
fürchtet keinen Sturm und kein Gewitter.
Die Frage bleibt: Wann hat man auf Sand gebaut?
Wann baut man auf Granit?

26.
Engherzigkeit

Das Menschenherz ist ausdehnbar!
Der Mensch kann engherzig oder weitherzig sein.
Zu vertragen ist nur die Weitherzigkeit.
Weil der Mensch für die Weitherzigkeit geschaffen ist,
bewirkt die Engherzigkeit Abbau und Zerstörung.
Der Engherzige erreicht sich selbst nicht,
der Engherzige baut Gräben
zu sich und zu den anderen.
Engherzigkeit ist
eine Brutstätte der Unmenschlichkeit.
Unmenschlichkeit ist Verneinung der Freude.

27.
Egozentrismus

Kein Mensch ist der Mittelpunkt der ganzen Welt.
Kein Mensch ist sich selbst sein Mittelpunkt.
Der Mensch wird am Du zum Ich. (M. BUBER)
Der Egozentriker
ist eine Last für sich und für die anderen.
Der Egozentrismus
ist die schlimmste Maskerade der Freude.
Deshalb lautet der Wegweiser zur Freude:
„aus dem Ich herauszuziehen,
um an die Tür des Du zu klopfen" (A. CAMUS).

„In der Welt gibt es nur ein Problem: dem Menschen einen geistigen Sinn, eine geistige Unruhe zurückzugeben."

Antoine de Saint-Exupéry

„Leben ist das Einatmen der Zukunft."

Pierre Leroux

28.

Lauheit

Der Mensch ist Leben!
Leben ist Freude!
Freude ist Leben!
Interesselosigkeit, Geistlosigkeit, Stagnation . . .
das sind die gefräßigen Motten,
die die Freude langsam aber sicher vernichten.

29.

Ordnung

Eine alte und ewige Weisheit:
„Serva ordinem et ordo servabit te –
Halte die Ordnung, und die Ordnung wird dich halten!"
Mach aus der Ordnung deines Herzens Liebesharmonie,
und sie wird dich erfreuen.
Höre diese Harmonie der Liebesordnung
aufmerksam an, und du wirst in Freude überströmen.
Die besten Noten für die Herzensharmonie
hat der große Komponist der Liebe zusammengestellt,
Jesus von Nazareth in seinem Evangelium,
in der Bergpredigt.

30.

„Überordnung?"

Es gibt eine Ordnung in Gott,
es gibt eine Ordnung „bei den Engeln"!
Der Mensch aber hat seine Ordnung!
Die prinzipielle und ausschlaggebende Ordnung
des Menschen ist sein Bekenntnis
zum Wahren, Guten, Schönen, Edlen,
seine ehrliche Orientierung im Leben
nach dem Kompaß des Gewissens,
die Liebe als Ziel, als Weg, als Wegführer zu haben:
lieben, geliebt werden und im Dienste der Liebe leben!

Zur Ordnung des Menschen
gehört auch seine „Unordnung".
Der Mensch ist wesentlich ein „Mängelwesen".
„Gott weiß, daß wir Staub sind" (Ps 86).
Staub gehört deshalb zur menschlichen Ordnung.

„Zeiten der Ordnung sind die Atempausen des Chaos."

Walter Hilsbecher

Entscheidend für die Freude ist,
daß der Mensch gelassen seine „Unordnung" annimmt.
Wo guter Wille ist, fragt nach der „Perfektion"
nur der Teufel der Traurigkeit.

31.
Sinn

Die ganze Natur drängt den Menschen zum Sinn.
Ein sinnloses Leben muß ein freudloses Leben werden.
Der Freudlose, der den Sinn seines Lebens,
Handelns und Unterlassens sucht,
der findet bald die Freude.
Noch mehr:
der Mensch braucht immer einen Sinn:
Der Mensch braucht einen unmittelbaren Sinn
in seinem Handeln!
Der Mensch braucht einen Sinn
für das Mittelbare in seinem Leben!
Der Mensch braucht einen Sinn
für das Endgültige seiner Person!

„Das Ziel finden heißt, den Ursprung wiederfinden."

Paul Claudel

32.
Ziele

Um den Sinn des Lebens und Handelns zu erfüllen,
wird der Mensch frei und aktiv
sich Ziele im Dienste dieses Sinnes setzen müssen.
Menschliche Ziele sind Kinder der Sehnsucht,
menschliche Ziele
können sogar Mutter der Sehnsucht sein.
Wo Sehnsucht ist, da ist Liebe,
wo Liebe ist, da ist Freude.
Mit dem Streben nach den Zielen
wachsen die Flügel der Freude.

Mit der Freude
wird das Streben nach einem Ziel zum Flug im Einsatz.

33.
Hobbies

Das Wichtigste bleibt immer der Mensch.
Nicht der Mensch steht im Dienste der Ziele,
sondern die Ziele stehen im Dienste des Menschen
(und der Mensch für Gott).
Auch das trägt erst recht zur Freude bei:
Hobbies, das Spiel zu pflegen, feiern ... ohne Zweck,
einfach auf das Menschliche zielend.

34.
„Wurstigkeit"

Die Menschen haben nicht selten die Fähigkeit,
aus einer Mücke einen Elefanten zu machen.
Viele dramatische und tragische Situationen im Leben
wären überwunden,
wenn die Menschen viel mehr
die Fähigkeit entwickeln wollten,
aus Elefanten Mücken zu machen.
So oft gibt es auch nicht Dramatisches
und Tragisches im Leben.
Selbst beim Dramatischen und Tragischen
kann der Mensch entschärfen.
Wir alle vergessen zu sehr,
die sympathischste „Heilige" zu verehren:
„die heiligste Wurstigkeit".
Natürlich braucht man dafür Weite des Herzens,
Weite des Geistes.
Treffend ruft Rainer Maria Rilke aus:
„Und dann, meine Seele, sei weit – sei weit,
daß dir das Leben gelinge!"
Ein Spaßvogel gibt folgende Empfehlungen:

„Nur für heute werde ich mich bemühen, den Tag zu erleben, ohne das Problem meines Lebens auf einmal lösen zu wollen."

Johannes XXIII.

Wegweiser für Lebenskünstler

Reife in der Liebe wird vorausgesetzt

1. Wenn es dir nur möglich ist, echt und natürlich zu lachen, lach! Und wenn du immer aufgelegt bist zu lachen, dann lach immer! – Und wenn nicht . . . selber schuld!

2. Wer immer Spaß versteht und immer Spaß machen kann . . . der ist der echte Mensch! In der Welt und bei den Menschen gibt es Komisches genug, so daß man immer Spaß machen kann! Wer beim Spaß nicht mitmacht, ist ein Spaßverderber. Wer sich aber vom Spaßverderber den Spaß nicht verderben läßt, der ist erst recht ein Spaßvogel.

3. Wenn dir der Boden zu heiß ist, versetz dich im Geiste auf einen anderen Planeten. Die Erde kann bei Gelegenheit häßlich sein! Sich von der Anziehungskraft der Erde zu befreien, das ist Humor. Aber nimm eine Rückfahrkarte: verlaß nicht endgültig die vielen Schönheiten unseres Planeten.

4. Geht dir zu vieles auf die Nerven, werde „morgig": verlaß diese Zeit. Sie ist zu fad: die morgige ist immer besser, weil wir nicht wissen, wie sie sein wird. Sicher ist jedenfalls, daß der reife Mensch mit dem morgigen Tag den heutigen besiegt.

5. Das Gemüt des Menschen ist sehr oft katastrophal: er läßt sich viel zu sehr vom Schlechten, und viel zu wenig vom Guten beeindrucken! Lerne zu übersehen und zu vergessen, und viele, viele Menschen werden dir dahkbar sein! Vor allem du dir selbst! Es ist wahr: „Glücklich ist, wer vergißt, was nicht zu ändern ist."

„Die wahren Lebenskünstler sind bereits glücklich, wenn sie nicht unglücklich sind.

Jean Anouilh

6. Wie du schläfst, so bist du! Wie du bist, so schläfst du. Sei ein Spaßvogel, dann schläfst du wie ein Murmeltier. Zum Schlafen gehört das Träumen! Sei ein guter und fröhlicher Träumer, auch wenn alle dich auslachen! Dem Träumer gelingt am leichtesten, alles auszulachen, vor allem sich selbst!

7. Meinst du, du hast schlechte Laune? Oft handelt es sich nur um schlechte Lungen! Mehr frische Luft bedeutet oft bessere Laune. Heile deine Lungen, da hast du eine große Garantie für dein Herz. Wer gesund ist, lacht leichter . . . bereite dem Lachen den besten Weg.

8. Lust und Genuß sind von Gott gewollt, und wenn es notwendig dafür wäre, müßte man das fade Salz salzig machen. Ein Gläschen . . . ein Täßchen . . . ein warmes und kaltes Bad . . . eine nette Unterhaltung. . . das alles ist Barmherzigkeit Gottes.

9. Der Mensch kann das Boshafte in seinem Herzen doppelt so boshaft erleben! Er kann es aber auch halb so boshaft erleben . . . und das Schöne doppelt so schön. Edle Augen sehen vielleicht mehr Sauberkeit, als es gibt . . . aber auch diese Sicht säubert das eigene Herz und reinigt die Luft. Gewitter und Blitz sind Sache der anderen!

10. Diese Wegweiser haben eine Bedeutung für dich, wenn du überzeugt bist, daß sie auf Mögliches hinweisen. Laß dich von den anderen nicht verführen, nur von diesen Wegweisern! Glaub an den Spaß, glaub an das Lachen . . . und im übrigen: alles, was Spaßverderber, Spielverderber, Freudenverderber ist . . . „sags ihm, es kann mich . . .“

Ein Spaßvogel

„Lebenskunst ist, ein Erdloch in Reichweite zu haben, wenn die Wölfe kommen. Oder, wenn es zu schnell geht, mit den Wölfen heulen zu können.“

Krämer-Badoni

„Begeisterung ist ein Feuer, das die Innenwelt in Fluß hält, aber Vernunft muß ihr die Gußform richten, in die sich das geschmolzene Metall ergießt, sonst verfließt alles gehalt- und gestaltlos."

Otto von Leixner

35.

Mystik

Die größte, die vollendete Freude
ist in der mystischen Vereinigung,
in der mystischen Verschmelzung
mit dem Geliebten in Gott zu finden.
Im Erleben der dynamischen Verbundenheit
in der Liebe,
in der Ekstase, liegt die vollendete Freude.
Dahin gelangt man
mit der sehnsüchtigen „Anschauung" des Geliebten.

36,

Begeisterung

Wer fähig des Großen ist, ist fähig der Begeisterung.
Wer bewundern kann, kann außer sich geraten.
Einen großen Sinn zu entwickeln
für das Schöne und für das Edle bedeutet,
einen großen Sinn zu entwickeln
für die berauschende Freude.
Ekstase ist Begeisterung!
Begeisterung ist Ekstase oder die Vorstufe der Ekstase.

37.

Genießen

Wer mit Geist genießt, alles genießt,
wird bald spüren,
daß seine Lust ist „die Lust, die Ewigkeit will".
Wer den Genuß als Ersatz der Freude sucht,
wird Freude und Genuß noch mehr vermissen.
„Genießt alles mit Dankbarkeit!",
lädt die Bibel ein (1 TIM 4, 4).
Wer mit Dankbarkeit, mit Freude genießt,
vermehrt seine Freude.

38.

Gesundheit

Die Gesundheit an Leib und Seele
und auch mit Geist
hat eine große Bedeutung für die Freude.
Macht die Gesundheit nicht mit,
kann der Mensch mit seiner geistigen Größe
nicht nur seine Freude retten,
sondern sogar aus dem Übel
eine neue Quelle des Glückes und der Freude machen.
Die Gesundheit ist jedenfalls
keine Störung für die Freude!
Die Gesundheit hilft zur Freude,
und die Freude hilft zur Gesundheit.
Bemühe sich deshalb um die Gesundheit jeder,
der etwas für die Freude tun will . . .
und jeder, der in der Freude leben will.

„Gott schätzt mich, wenn ich arbeite. Er liebt mich aber, wenn ich singe.“

Rabindranath Tagore

Die Liebe ist eine so starke Würze, daß die schalsten und ekelsten Brühen davon schmackhaft werden.“

J. W. Goethe

Freude bereiten

39,
Die Freude muß sich mitteilen

Das Gute will sich mitteilen.
Die Freude muß sich mitteilen.
Die Liebe findet Wege, um sich in Freude mitzuteilen.

Folgende Hinweise wollen eine Hilfe sein:

— Freude auszustrahlen.
— In aller Natürlichkeit zu lächeln.
— Die guten Seiten der anderen zu finden und warm anzuerkennen.
— Die Fehler der anderen zu übersehen wissen.
— Wenn man korrigieren muß, dann mit Feingefühl und mit viel Verständnis.
— Die Meinung der anderen von ihrer Gesinnung aus zu betrachten.
— Die anderen sprechen zu lassen und ihnen aufmerksam zuzuhören.
— Auf das eigene Recht gerne, großmütig, zu verzichten.
— Eigene Fehler sofort zu gestehen.
— Das Wort „Nein“ soweit wie möglich zu vermeiden.

(Siehe in diesem Buch S. 85–95)

„Es ist entscheidend,
die ,Stücke'
Glück nicht zu übersehen
oder auf sie zu verzichten,
um ein Leben lang nur vom
vollendeten Glück zu träumen."

Martin Descalzo

Seligkeiten

für die, die ein bißchen Humor haben und weise werden wollen.

Selig die,
die über sich selbst lachen können,
denn sie werden immer genug Unterhaltung haben.

Selig die,
die einen Berg von einem Maulwurfshügel
unterscheiden können,
denn es wird ihnen eine Menge Ärger erspart bleiben.

Selig die,
die fähig sind, sich auszuruhen und zu schlafen,
ohne dafür Entschuldigungen zu suchen,
denn sie werden weise werden.

Selig die,
die schweigen und zuhören können,
denn sie werden dabei Neues lernen.

Selig die,
die intelligent genug sind,
um sich selbst nicht zu ernst zu nehmen,
denn sie werden
von ihrer Umgebung geschätzt werden.

Selig die,
die aufmerksam sind für den Anruf der anderen,
ohne sich jedoch für unersetzlich zu halten,
denn sie werden Freude säen.

Selig seid ihr,
wenn ihr es versteht, die kleinen Dinge ernst
und die ernsten Dinge ruhig anzusehen,
denn ihr werdet im Leben weit kommen.

Selig seid ihr,
wenn ihr lächeln könnt und kein böses Gesicht macht,
denn euer Weg wird sonnenbeschienen sein.

Selig seid ihr,
wenn ihr fähig seid, das Verhalten der anderen
immer mit Wohlwollen zu interpretieren,
auch wenn der Anschein dagegen spricht,
denn ihr werdet zwar für naiv gehalten werden,
aber das ist der Preis für die Liebe.

Selig die, die denken, bevor sie handeln,
und beten, bevor sie denken,
denn sie werden eine Menge Dummheiten vermeiden.

Selig seid ihr,
wenn ihr schweigen und lächeln könnt,
auch wenn man euch das Wort abschneidet,
euch widerspricht oder auf die Zehen tritt,
denn das Evangelium fängt an,
euer Herz zu durchdringen.

Selig seid vor allem ihr,
die ihr den Herrn in all denen erkennen könnt,
die euch begegnen, denn ihr werdet das wahre Licht
und die wahre Weisheit besitzen.

(Les Béatitudes aujourd'hui, à la Façon de Joseph Folliet, S. 227)

LEBENSFÜLLE:

LIEBE

FREUDE

FREIHEIT

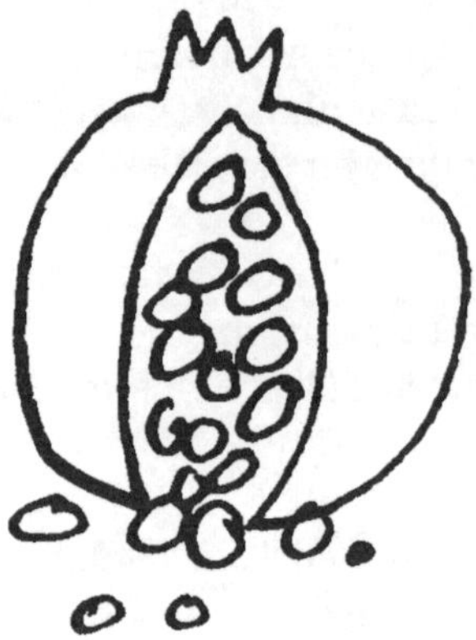

Für die Freiheit . . .

Weite!
Das ist die
Möglichkeit
der Freiheit

KEINE ANGST VOR DER FREIHEIT

Die Menschen haben Angst vor der Freiheit.

Man weiß ja nicht, wohin diese Freiheit führt.

Und was man nicht kennt, davor hat man Angst.

Kein Wort verunsichert unsere Autoritäten so sehr
wie das Wort „Freiheit".

Das gilt für unsere politischen Autoritäten,
die vor dem Wort „autonom",
was soviel heißen kann wie „frei",
vor Angst erstarren und
eine ganze Polizeimaschinerie in Bewegung setzen.

Vor dem Wort „Freiheit"
haben auch kirchliche Autoritäten Angst.

Menschen, die sich für die Freiheit einsetzen,
werden verdächtigt,
es wird ihnen die Lehrbefugnis entzogen,
es wird gegen sie Stellung bezogen,
sie werden mundtot gemacht.
Angst vor der Freiheit haben wir alle.
Auch gerade wir Älteren.

Indem wir uns gegen die Freiheit zur Wehr setzen,
setzen wir uns auch gegen das Glück
und gegen die Liebe zur Wehr.

Unsere Angst vor der Freiheit
ist das größte Hindernis für das Glück und für die Liebe.

Unsere Angst vor der Freiheit
richtet sich im Grunde genommen gegen Gott selbst.

Auf jeder Seite der Bibel
sucht der Mensch Gott in den Griff,
in Kontrolle zu bekommen,
und auf jeder Seite ringt Gott um seine Freiheit
und um die Freiheit des Menschen,
weil nur so Glück und Liebe möglich sind.

Und ich erinnere an Jesus von Nazaret:
Man wollte ihn ans Gesetz binden,
an die Gepflogenheit, an das, was man einfach so tut.

Man traute ihm nicht zu,
daß sein Eintreten für die Freiheit im Grunde
doch nur sein Eintreten für das Glück des Menschen ist.

Geben wir doch unseren lächerlichen Standpunkt
als Konkurrenten Gottes auf.

Trauen wir ihm doch zu,
daß er unser Glück wirklich schaffen kann.

Lassen wir ihm und einander doch die Freiheit . . .
und wir werden feststellen,
daß Glück, wahres Glück,
um sich greift in uns und um uns herum,
und daß eine Ahnung von Freude, von echter Freude,
unser Leben erhellt.

HERMANN-JOSEF VENETZ

Verhängnisvolle Verführungen

1.

„Ich mache, was ich will!"

Wie Liebe und Freude
ist die Freiheit schließlich ein Geheimnis:
„Ich mache, was ich will, ich bin frei!"
Ein dunkler Satz!
Wieviele Menschen sind mit dieser Einstellung
in die äußere und innere Sklaverei geraten!
So mancher glaubt,
frei in seinen Wünschen zu sein,
und er wird von dunklen Kräften getrieben
und beherrscht.

„Die Freiheit ist ein Gut, das alle anderen Güter zu genießen erlaubt."

Charles de S. Montesquieu

2.

Unordnung?

Die eigentliche Unordnung besteht darin,
die Bewegung zu behindern.
Sich nicht „bewegen" können, das ist die Unfreiheit.
Manchmal ist eine scheinbare Ordnung
eine störende Unordnung!
Auch umgekehrt:
nicht jede Unordnung
ist so „unordentlich" für die Freiheit.

3.

Hemmungslosigkeit

Die Natur hat dem Menschen auch Bremsen gegeben
für den Geist, für die Psyche, für den Leib …
Ohne Bremsen fahren zu wollen,
das ist ein sicherer Weg zum Unfall.
Ohne die Bremsen der eigenen Natur leben zu wollen,
hemmungslos zu leben,

das ist ein sicherer Weg für den Verlust der Freiheit.
„Est modus in rebus, sunt certi denique fines –
es ist Maß und Ziel in den Dingen,
es gibt schließlich bestimmte Grenzen“
(AUS DEN EPODEN DES HORAZ, 1, 106).

4.

Libertinage

Ausschweifen, Leidenschaften durchbrechen lassen,
die Instinkte zu peitschenden Tyrannen
werden zu lassen,
von den Trieben sich treiben zu lassen,
von den Reizen sich aufstacheln zu lassen,
den Verlockungen die Führung zu überlassen,
sich von jedem Drang bedrängen zu lassen . . .
das alles mag Libertinage sein,
Liberté, Freiheit, ist es lange . . . lange nicht.

5.

Auf Kosten der anderen?

Frei werden wollen,
indem man die Freiheiten der anderen unterbindet,
muß schließlich innerlich versklaven.
Volle menschliche Freiheit ist ohne Liebe nicht möglich.
Jede Art der Tyrannei schlägt auf den Tyrannen zurück,
um ihn zu tyrannisieren!
Jede Art der Gewalttätigkeit ist schließlich
Gewalt gegen den Gewalttätigen.

6.

Ungerechtigkeit

Gerecht sein müssen, verpflichtet.
Die Gerechtigkeit vergessen zu können,
scheint zu befreien.

„Freiheit ist immer gefährlich, aber sie ist das Sicherste, das wir haben.“

Harry E. Fosdick

Ungerechtigkeit ist in irgend einer Weise Raub.
Jeder Räuber verliert den aufrechten Gang.
Ohne aufrechten Gang keine befreite Stirn.
Eine Atmosphäre der Ungerechtigkeit
ist eine vergiftete Atmosphäre,
in der die Lungen der Freiheit
weder sich bewegen noch leben können.

7.

„Gerechtigkeit"

Gott bewahre uns vor den „Gerechten".
Die Freiheit der Menschen
ist im Namen der Gerechtigkeit so oft verletzt worden,
daß die edle Tugend der Gerechtigkeit sicher protestiert,
daß ihr Name unbedacht ausgesprochen werde.
Ist der Mensch außerdem fähig,
seinen Mitmenschen gegenüber völlig gerecht zu sein?
Gerechtigkeit muß sein!
Man muß sie wenigstens so weit anstreben,
wie es nur möglich ist!
Ihre Ohnmacht unter den Menschen
kann zur Macht der Unterdrücker werden.
Gerechtigkeit unter den Menschen ist befreiend,
wenn sie getragen wird von Verständnis,
Respekt, Toleranz . . . von der Barmherzigkeit.

„Freiheit bedeutet Verantwortlichkeit; das ist der Grund, weshalb die meisten Menschen sich vor ihr fürchten."

G. Bernhard Shaw

8.

Zufriedenheit des „Bauches"

Es gibt Menschen, „deren Gott der Bauch" ist.
Brot und Spiele können Zufriedenheit des „Bauches",
lange noch nicht Zufriedenheit des Herzens, geben.
Die Freiheit des Menschen ist wesentlich
Freiheit des Herzens.
Der „Bauch" kann das Herz beruhigen,
aber nicht befreien.

9.
Passivität

Passivität ist ein lateinisches Wort
und bedeutet ursprünglich erleiden.
Wer „erleidet", ist in irgend einer Weise Opfer.
Opfer als Hingabe ist Befreiung.
Opfer als Verurteilung zur Tatenlosigkeit,
Opfer als Beute fremder Macht, als Beute des Schicksals,
ist eine stupide Sklaverei:
„Turpe est ferri et non ire —
es ist schändlich, getragen zu werden,
und nicht selbst zu gehen" (SENECA).

10.
Geistlos

Die Begeisterung einem Demagogen zu verdanken,
von einer Massensuggestion mitgerissen zu werden,
von der Atmosphäre einer harten Sekte
beschlagnahmt zu sein . . .
das alles kann sehr in ein Gefühl der Freiheit einlullen!
Frei ist man dadurch nicht.
Gruppendruck kann Befreiung vortäuschen!
Druck ist immer gefährlich und oft erdrückend.

11.
Gesetzeslosigkeit

„Wo kein Gesetz ist, ist auch keine Pflicht."
Es gibt aber Gesetz und Gesetz!
Norm ist Auswahl eines Weges.
Wer die Möglichkeit aller Wege hat und keinen wählt,
hat schließlich keinen Weg.
Strukturen und Organisation
werden sehr leicht zum Korsett des Geistes.
Doch ein Geist ohne Konkretisierungen

„Freiheit ist ein Gut, dessen Dasein weniger Vergnügen bringt als seine Abwesenheit Schmerzen."

Jean Paul

ist meistens ein Gespenst ohne Knochen.
Gewohnheit und Sitte können Routine werden,
die geisttötend wirkt.
Gewohnheit und Sitte können aber auch
Erleichterung sein,
daß der Mensch sich in die Schwerelosigkeit
der Wahrheit und der Liebe erhebt.

„Gesunder Menschenverstand ist der Maßstab des Möglichen."

Henri-Frédérick Amiel

Freiheit, die wir meinen

12.
Absolut frei ist nur Gott

Aristoteles hat recht:
Wir nennen Gott denjenigen,
in dem nichts verursacht ist,
und der Ursache aller Dinge ist.
Absolut frei ist nur Gott,
gerade deshalb ist er das unendliche Geheimnis.
Ist Gott absolutes Geheimnis,
wer traut sich etwas über ihn zu sagen?
Wir können stottern, daß seine Freiheit nicht Willkür ist,
daß er selbst seine Weite und seine Ordnung ist,
daß sein Leben, weil es sein Leben ist,
die unendlich befreiende Harmonie der Liebe ist.

13.
Freiheit des Menschen

Der Mensch, als geschaffenes Wesen,
kann nur relativ frei sein.
Wie er beschaffen ist, so kann er frei sein.
Nicht mehr! Er kann weniger frei sein, als ihm zusteht!
Die Grenzen seiner Freiheit
– seinem Wesen entsprechend –
sind paradoxerweise die Rettung seiner Freiheit.
Auch hier gilt: „nequid nimis – nie zu weit".
Daß der Mensch durch die Anziehungskraft der Erde
am Boden „festgehalten" wird,
braucht sein Erleben der Freiheit
nicht zu beeinträchtigen!
Wenn er aber in die Tiefen der Erde eindringen kann,
und Möglichkeit findet,
über die höchsten Berge zu fliegen . . .
und sogar bis zum Mond,
warum sollte er auf diese Weite verzichten?

„Der Mensch ist das Wesen, das dazu verurteilt ist, Notwendigkeit in Freiheit umzusetzen."

Ortega y Gasset

14.
Weite

Weite, so viel Weite wie nur möglich,
das ist die Möglichkeit der Freiheit!
Weite, das ist die Einladung zur Freiheit.
Weite, Weite in jeder Hinsicht, das ist Freiheit!
Wer die Herausforderung
der Möglichkeiten des Lebens ergreift,
der weiß, was aufregende Freiheit ist.
Das Abenteuer ist ein Versprechen der Freiheit.
Der Mensch ist Ruhe und Dynamik!
Deshalb wird nur der Mensch frei sein,
der im richtigen Rhythmus der Ruhe
und der Dynamik zu leben weiß.

„Die Ordnung ist die Lust der Vernunft, aber die Unordnung ist die Wonne der Phantasie.“

Paul Claudel

15.
Ordnung

Ohne Ordnung keine Freiheit.
Die Frage ist: was ist Ordnung?
Der Mensch wird in eine Umgebung hineingeboren,
die seine konkrete Ordnung bedingen wird.
Paradoxon der menschlichen Freiheit:
wenn der Mensch sich seinen Vorgegebenheiten „fügt“,
dann ist er frei.
Neue Frage: Ist jede vorgegebene Ordnung
die Ordnung des Menschen?
Die Freiheit wird immer ihre Revolutionäre brauchen,
um je eine bessere Ordnung zu finden und zu schaffen.
Findet der Mensch bei seiner Geburt
schon ein richtiges Nest,
so kann er gleich gesunde Luft der Freiheit atmen.
Wenn die Stunde schlägt,
daß der Mensch sein eigenes Nest baut,
– seine eigene Ordnung erschafft –

kann er sich nicht entziehen,
wenn er frei leben und frei leben lassen will.

16.
Begegnung

Der Mensch ist Sehnsucht nach der Liebe.
Liebe ist Sehnsucht nach dem Du.
Der Sinn der Weite und der Bewegung in der Weite ist,
die Begegnung mit dem Du zu ermöglichen.
Treffend hat Augustinus gesprochen:
„Finitum capax infiniti – der begrenzte Mensch
ist fähig des Unendlichen".
Das Menschenherz ahnt die unendliche Weite.
Die unendliche Weite – Gott –
wird schließlich zum Du seiner Begegnung.

17.
Harmonie:
Versuch einer Definition der Freiheit

Die ganze Freiheit kann für den Menschen
zum tragischen Paradoxon werden.
Der Mensch kann sich frei für die Unfreiheit entscheiden.
Und so mancher denkt,
man muß den anderen zur Freiheit zwingen.
Freiheit vom äußeren Zwang
garantiert noch nicht die Freiheit vom inneren Zwang.
Ohne äußeren Zwang mag der Mensch
ein Leben in Freiheit führen.
Erst die Überwindung von jedem inneren Zwang
läßt den Menschen die Freiheit erleben.
Äußere und innere Harmonie
in der Dynamik des Menschlichen,
das ist die Fülle der erlebten Freiheit.

„Ich suchte Gott und fand ihn nicht!

Ich suchte mich selbst und fand mich nicht!

Ich ging zu meinem Nächsten, und wir trafen uns zu dritt."

J. Pujades

18.

Freiheit des Geistes

Der ureigene Bereich des Menschen,
das Heiligtum,
das man vor jeder Profanierung bewahren muß,
ist sein Denken und sein Gewissen.
Oft erwecken die Menschen den Eindruck,
sich in diesem Heiligtum selten aufzuhalten
und zu bewegen.
Wer aber das Heiligtum des eigenen Denkens
und des Gewissens verläßt,
oder sich von dort vertreiben läßt,
hat sich von der Urfreiheit verbannt.
Gott ist außerhalb des Gewissens nicht zu finden.

19.

Redefreiheit

Wenn der Geist das Wort seiner Erkenntnis,
das Wort seiner Überzeugung, innerlich gesprochen hat,
dann ist dieses Wort in seinem Wesen unruhig,
will sich mitteilen.
Das ausgesprochene Wort
ist der Sprung des Menschen zum Du.
Das Wort informiert und läßt kommunizieren.
Das Wort teilt mit und verbindet.
Im gesprochenen Wort
bewegt sich der Geist frei hin zum Du.
Das Reden in Freiheit kommt nahe dem Wort Christi:
„Die Wahrheit wird euch frei machen."
Die Freiheit ist in die Parrhesia
(Freimut in der Rede) verliebt.
Eine „Wortehe": „Frei-Mut"!
Freiheit mit Mut! Mut mit Freiheit!
Der freimütige Mensch, vor allem im Reden,
ist der Prophet, den die Menschen brauchen!

„Dies schreibe ich mit großen Buchstaben: ALLES AUS LIEBE, NICHTS AUS GEWALT! MEHR LIEBE ZUM GUTEN, ALS FURCHT VOR DER SÜNDE! Es walte der Geist der Freiheit!"

Hl. Franz von Sales

„Ohne Propheten verwildert das Volk!" (SPR 29, 18)
Der Prophet redet freimütig immer und allen gegenüber,
erst recht den Mächtigen gegenüber.

20.
Freiheit des Handelns

Der Mensch ist eine Einheit.
Inneres und Äußeres verlangen Übereinstimmung.
Wenn der Mensch nicht frei im Einklang,
in Harmonie mit seinen Überzeugungen handelt,
gerät er in eine geladene Spannung.
Den Menschen zu hindern, in Freiheit zu handeln,
kann ihn verbittern und unter Umständen
zu einem geistig verkrüppelten Menschen machen.
Doch diese Freiheit kann ihre Grenzen haben:
sie darf die Harmonie der gemeinsamen Freiheit
unter den Menschen nicht zerstören.

21.
Verantwortete Freiheit

So mancher, weil er für alles frei bleiben will,
entscheidet sich für nichts.
Wieder Paradoxon der Freiheit:
Die Stimme der verantworteten Freiheit
kann einmal „befehlen".
Offen für alles sein bedeutet schließlich,
daß der Mensch in seiner Freiheit
sich für eines entscheidet,
von dem er sich den Sinn seiner Freiheit,
seine eigene Erfüllung, das ganze Glück, erwartet.
Freiheit ohne Engagement
ist entweder Starre oder Windfahne.
Entscheidung, Engagement, Verantwortung
werden oft als Last empfunden.
Da zeigt es sich, daß der Mensch

„Der Mensch ist groß, der vor der ängstlich angebeteten Beharrlichkeit der Kleingeister nicht zurückweicht . . ., der sich nur der Wahrheit beugt . . ., der den Kopf eines Erwachsenen und das Herz eines Kindes hat."

Unbekannter Verfasser aus der Dominikanischen Republik

nicht in einer endgültig erlösten Welt lebt.
Der Mensch bleibt allem zum Trotz frei,
wenn er zu seiner Sendung ja sagt.
Sogar die Treue ist nur menschenwürdig,
wenn sie von der Freiheit getragen wird.
Erzwungene Treue ist keine Treue.

„Die Zeichen des Reiches Gottes sind zu finden, wo der Mensch die Freiheit und die Möglichkeit hat, das zu werden, was Gott von ihm erwartet.“

Aus Lima, Peru

22.
Religionsfreiheit

Schafft der Mensch Gott,
oder erkennt der Mensch Gott?
Die Bibel spricht vom „verborgenen Gott“.
Besteht die Religion darin, Gott gefunden zu haben,
oder Gott zu suchen?
Christus im Evangelium sagt:
„Wer nicht gegen uns ist, ist für uns.“
Warum fällt es religiösen Menschen so schwer,
tolerant und respektvoll
vor jedem Gottsuchenden zu sein
und bei den Suchenden die Freiheit zu respektieren
und zu bewundern?

*

Das Wort Religion (vom Lateinischen re-ligare)
bedeutet, doppelt binden!
Wer sich mit der unendlichen Weite,
die wir Gott nennen, doppelt bindet, befreit sich doppelt.
Gott doppelt an sich selbst binden wollen,
das ist die schlimmste Verfälschung der Religion.
Wie oft haben religiöse Menschen die „Macht Gottes“
für sich beansprucht, um andere zu unterdrücken,
zu verfolgen, zu vernichten.
Die unendliche Weite Gottes
wurde zur Arroganz der Menschen:
eine schlimme Religionskrankheit: die „Divinitis“.

Wahre Religion wird sich an der Freiheit messen:
an der Freiheit, die sie respektiert . . .
an der Freiheit, die sie schützt . . .
an der Freiheit, die sie hervorruft . . .
an der Freiheit, zu der sie den Menschen hilft.

23.
Politische Freiheit

Auch die Politik – wie die Religion –
hat viel zu oft ihre Aufgabe,
im Dienste des Volkes zu stehen,
mit Macht und Arroganz verwechselt.
Die Politik wie das Gesetz
muß im Dienst der Menschen stehen,
oder sie hat keine Daseinsberechtigung.
Die Politik wie das Gesetz
stehen im Dienste der dynamischen Ordnung!
Die beste Ordnung ist die Ordnung der Harmonie.
Und die Harmonie des Menschen
ist die Harmonie seiner Freiheit.

„Der eigentliche Sinn der Politik ist die Errichtung, die dauernde Befestigung, die Selbstbehauptung der Freiheit in einer staatlichen Gestalt. Politik in diesem Sinne will Freiheit für alle."

Karl Jaspers

Bedeutung der Freiheit

„Ich will leben wie das Meer, das Unendliche anschauend, den Himmel wider-spiegelnd."

Louise Choquet

24.

Für das Herz: Sehnsucht braucht Weite

Der Mensch spricht
das Wort der „Grenzenlosigkeit" aus
mit seinem Geist, in seinem Geist, für seinen Geist.
Deshalb ist die Sehnsucht
der Sinn und die Fülle seines Lebens.
Ohne Freiheit des Herzens verkümmert die Sehnsucht.
Ohne Sehnsucht nach dem Unendlichen
und nach dem Ewigen
verkümmert die Freiheit des Herzens ...
verkümmert das Herz.

25.

Für die Liebe

Liebe ist Begegnung von Freiheiten.
Zwang und Enge ersticken die Liebe.
Hingabe besteht darin,
das Ich in einem befreienden Du zu finden.
Absolute Liebe besteht darin,
das Ich in einem absolut befreienden Du
restlos zu finden.

26.

Für den Geist

Unterdrückung erzeugt fast immer Bedrückung.
Der Geist sucht Weite ohne Zäune.
Weite ohne Zäune – das ist Freiheit.
In der Weite ist Gesundheit für den Geist.
In der Freiheit ist der Geist erst recht produktiv,
fruchtreich!

Auch äußere Freiheit ist Voraussetzung dafür,
daß der Geist Höhen und Tiefen erreicht.
Es gehört eine gigantische Reife dazu,
in der äußeren Unfreiheit innerlich frei zu werden,
frei zu bleiben
und Früchte der Freiheit hervorzubringen.
Und doch: daß es möglich ist, zeigen Gestalten wie Plato,
Epiktet, Boëtius, Thomas Morus, Cervantes . . .

27.

Für die Verantwortung und Mündigkeit

Ohne Freiheit keine Verantwortung.
Antworten müssen auf eine berechtigte Frage,
vor allem des Gewissens, ist nur möglich,
wenn man auf die Urfrage hin
sich frei entscheiden kann.
Erziehung zur Freiheit ist Erziehung zur Mündigkeit.
Voll mündig ist, wer sich frei für die Freiheit
zu entscheiden weiß und es kann.
Aber auch Erziehung zur Mündigkeit
ist Erziehung zur Freiheit!
Zwang ist kein geeigneter Weg zur Mündigkeit!
Befehl und dazu „blinder, erzwungener Gehorsam"
sind Störung und Hindernis für das Wachstum
der mündigen Persönlichkeit.

„Gott will den aufrechten Gang der Fragenden, die sich und andern nichts vormachen; nur ohne Maske kann man Gott schauen."

H. R. Hilty

28.

Für das Leben

Freiheit ist Leben in der Weite.
Angst ist Leben in der Enge.
Angst ist die Brutstätte für jede Krankheit und jedes Übel.
Freiheit, vor allem Freiheit des Herzens,
ist Heil und Heilung.

„Wenn man den Menschen
die Angst wegnehmen könnte,
würden sie zu Halbgöttern!“ (SCHILLER).
Frei von Angst ist, wer frei von Bedrohung und Gefahr,
von Zwang und Unterdrückung,
von Enge und Fixierung ist.

29.
Für die Wahrheit

„Glaube denen, die die Wahrheit suchen, und zweifle an denen, die sie gefunden haben.“

André Gide

Die äußere Unfreiheit
kann die inneren Kräfte des Geistes binden.
Die Freiheit beflügelt für die Höhen der Wahrheit.
In einer Gesellschaft – in einem Volk –,
in der Zwang und Unterdrückung,
Diktatur und Verfolgung herrschen,
„verkriecht“ sich allzu oft – mit den Menschen –
die Wahrheit.
Nur die Kriecher verstecken sich nicht.
Der Kriecher spricht nach dem Mund des Herrschers.
Die Wahrheit wird zur Farce im fremden Mund.
Jeder Inquisitor,
selbst wenn er die Wahrheit aufdrängen will,
hat die größte Garantie, Lügen zu ernten.
Jedes Volk erlebte das goldene Zeitalter seiner Kultur,
wenn es die Freiheit in Fülle erlebte.

30.
Für die Freude

Liebe, Freude, Freiheit sind so verwandt,
daß man sie in ihren Wurzeln
nicht auseinanderbringen kann.
Die Liebe macht frei!
Die Freiheit ruft Liebe hervor!

Wo Liebe in Freiheit lebt, wächst, sich mitteilt,
da ist Freude.
Und je mehr, desto mehr.

31.

Für das Vertrauen

Vertrauen ist Offenheit des Herzens,
um zu geben und um zu empfangen.
Volles Vertrauen ist da, wo aus einem Herzen alles fließt
zu einem anderen Herzen . . . und zurück . . .
und wo eine solche völlige Kommunikation
in Überfluß geschieht.
Freiheit ist Offenheit!
Zuschließen, zumachen, bedeutet eingrenzen, einengen.
Nicht selten im Leben wird man wohl der Freiheit
Grenzen setzen müssen!
Glücklich, wer es nicht allzu oft braucht.

„Friede ist Freiheit in Ruhe.“

Cicero

32.

Für den Frieden

Verdient der Friede ohne Freiheit den Namen Frieden?
Ist die Unfreiheit nicht die größte Gewaltanwendung
gegen die Würde des Menschen?
Wenn die Menschen
sich gegenseitig völlige Freiheit ermöglichen,
dann ist beglückender und blühender Friede da.
Die Menschen – sehr oft die Diktatoren –
sprechen viel von Frieden und Glück für die Menschen,
aber viel seltener, die Diktatoren nie,
von echter Freiheit.
Glück nach Diktat wird zur Brutstätte der Revolte.
Wenn alle Menschen mehr von der Freiheit reden
und mehr für die Freiheit tun wollten,
dann wäre auch mehr Friede in der Welt.

33.

Die Freiheit und das Böse

Der Mensch kann nicht *nicht* glücklich sein wollen,
so schrieb Thomas von Aquin.
Glücklich ist der Mensch,
wenn er seine Wünsche erfüllt sieht.
Wahres und echtes Glück liegt aber nur im Guten.
Der Mensch kann mit seiner Freiheit
sogar das Böse erstreben, doch nicht,
um dadurch unglücklich zu werden.
Ist das alles wahr, so wünscht sich sogar,
wer unterwegs zur „Hölle" ist,
diese „Hölle" als Möglichkeit seines Glücks.
Tragische Verwechslung!
Schon auf dieser Welt gibt es „Höllen" genug!
Wachsamkeit zur rechten Zeit
verhindert den Schreck eines zu späten Erwachens.

34.

Zufriedenheit

Die Weite der Freiheit erlebt,
wer zur Zufriedenheit findet:
der, dem das Leben die Wünsche erfüllt . . .
und wer – wenn es darauf ankommt –
mit jedem „Leben" Frieden zu schließen weiß.
Friede führt zur Zufriedenheit,
Zufriedenheit führt zur Freiheit.
Friede, das „Shalom" der Bibel, ist nichts anderes,
als die Sehnsucht nach dem verlorenen Paradies . . .
die Sehnsucht nach einer Lebensatmosphäre,
in der niemand und nichts
gegen jemanden oder etwas zur Gefahr
oder zur Drohung wird.
Da wird die Freiheit zum Paradies,
weil das Vertrauen alle Tore und alle Herzen

„Zufriedenheit ist der Stein der Weisen: Zufriedenheit wandelt in Gold, was immer sie berührt."

Benjamin Franklin

geöffnet hat.
Ein dynamischer Friede bewirkt Zufriedenheit.
Die Zufriedenheit wird zur Garantie,
daß man innerlich frei ist.

35.
Chaos

Nietzsche sagt:
„Man muß noch Chaos in sich haben,
um einen tanzenden Stern gebären zu können.
Ich sage euch: ihr habt noch Chaos in euch."
Die Bibel sagt, daß am Anfang alles ein Chaos,
ein Tohuwabohu war . . .
Und daraus entstand unsere Welt.
Nicht eine „tote Harmonie",
ein „gärendes" Chaos
ist die Luft der schöpferischen Freiheit.
Spießbürgerliche Ordnung, sybaritischer Wohlstand,
werden sehr leicht auch zum toten Chaos.
Dynamische Unruhe und „Unzufriedenheit"
können einen befreienden, tanzenden Stern gebären.

„Befreie nicht das Kamel von der Last seines Buckels; du wärest daran, es davon zu befreien, Kamel zu sein."

G. K. Chesterton

Fähig der Freiheit

36.

„Sich selbst besitzen“

Richtig entscheiden, wählen zu können, das ist Freiheit!
Reife, um das Befreiende zu erkennen,
das ist die Möglichkeit der Freiheit.
Sich zur Mündigkeit erziehen,
das ist die Fähigkeit der Freiheit.
Mündigkeit bedeutet,
daß wir „mit unserem eigenen Mund“
antworten können,
weil unser Geist verantworten kann.
Unser Geist wird fähig der Verantwortung sein,
wenn unsere ganze Person so weit vollendet ist,
daß wir uns selbst in der Hand haben
und uns selbst führen können.
Die Hilfe der anderen zu suchen und anzunehmen,
gehört dazu.
Das nennen wir Persönlichkeit!
Die Freiheit ist für die Persönlichkeit da,
und die Persönlichkeit für die Freiheit.
Goethe macht uns mit Recht aufmerksam:
„Volk und Knecht und Überwinder,
sie gestehn zu jeder Zeit:
höchstes Glück der Erdenkinder
sei nur die Persönlichkeit.“ („Buch Suleika“)

„Das Gewissen bildet unser Eigenstes . . . Vor das Angesicht Gottes treten, führt in die innere Aufrichtigkeit; in die Freiheit, über psychologische und sachliche Bindungen hinaus.“

Romano Guardini

37.

Treue zum Gewissen

Die eigentliche Autorität des Menschen
ist sein Gewissen.
Das rechte Gewissen ist aber eine befreiende Autorität.
Die Treue zum Gewissen
ist die innere Freiheit des Menschen.

Die Bibel nennt das Gewissen sogar das Herz
– die Mitte – des Menschen.
Auch das Gewissen ist ein Paradoxon der Freiheit:
Das Gewissen sind wir!
Mit dem Gewissen diktieren wir uns selbst!
Wir selbst müssen uns dem Gewissen fügen!
Das Gewissen mit seinen Imperativen zeigt,
daß es Größeres und Weiteres als den Mensch gibt.
Dazu muß das Gewissen ausgebildet werden:
die Weiten des Guten zu finden,
und die Engen des Bösen zu fliehen.

38.
Demut und Ehrlichkeit

Für die hl. Teresa von Avila ist die Demut
„sich im Bereich der Wahrheit bewegen" –
„humildad es andar en verdad". (SEELENBURG VI, 10,8)
Der Überhebliche und Arrogante
zieht sich selbst – auch der Wahrheit – vor.
Doch die Wahrheit
läßt sich von niemand bezwingen!
Sie ist!
Wenn die Bibel sagt:
„Die Wahrheit wird euch frei machen",
dann gilt es genauso:
„Die Demut (die Ehrlichkeit mit allen Konsequenzen)
wird euch frei machen".

39.
Mut – Tapferkeit

Gegen den Strom zu schwimmen, verlangt viel Energie!
Gegen unaufgeklärte Öffentlichkeit,
gegen stumpfe Gewohnheit und gegen geistlose Sitte
das Wahre, das Gute, das Schöne, das Edle
durchzusetzen, verlangt viel mutige Energie.

„Demut: Ergebnis einer Substraktion von dem anfänglicheren ‚Mut'. Plötzlich erwies sich als Über-Mut, was man ‚seinen Mut' nannte. Die Spanne zwischen ‚Mut' und ‚Über-Mut', von ‚Mut' abgezogen, ergab ‚Demut'."

Walter Hilsbecher

„Das wahrhaft Menschliche bleibt: die Freundschaft. Der neue Mensch, der wahre Mensch, der freie Mensch ist der Freund.

Das Mit-anderen-Dasein in anspruchsloser Freundlichkeit ist frei von Not und Nötigung.

Es bewahrt die Freiheit, weil es Aufgeschlossenheit und Beständigkeit verbindet.“

Jürgen Moltmann

Nicht selten, um die Freiheit zu retten,
wird man gegen Gesetz und Autorität
aufkommen müssen.
Sich bei solchen Gelegenheiten auszukennen,
verlangt oft viel Reife!
Sich und den anderen unter solchen Umständen
die Freiheit zu erobern und zu bewahren,
wird Mut, großen Mut,
bei Gelegenheit übermenschlichen Mut verlangen.
Öffentlichkeit, Gewohnheit, Sitte, Gesetz, Autorität ...
all diese Kräfte des Über-Ich,
halten sehr leicht das Ich in einer stupiden Sklaverei.
Und wie oft merkt der Mensch nicht einmal,
daß anstelle seines Ich
ein Über-Ich alles bestimmt und manipuliert.
Der Weg zum Ich, und das Leben aus dem Ich,
verlangt einen großen Mut
den allgegenwärtigen Kräften des Über-Ich gegenüber.

40.

Gemeinschaft und Freundschaft

Wenn Martin Buber behauptet,
daß der Mensch am Du zum Ich wird,
dann wird der Mensch in der Gemeinschaft
(nicht in der Masse) zum freien Menschen.
Wer sich zur echten Gemeinschaft erzieht,
wer die echte Gemeinschaft erlebt,
erzieht sich zum Guten, zum Ehrlichen ... zur Freiheit.
Die Gemeinschaft – die Liebe –
erreicht ihre Vervollkommnung in der Freundschaft!
In der Freundschaft
ist nicht nur das Gute und das Ehrliche zu Hause;
Freundschaft ist auch die völlige gegenseitige Mitteilung.
Wer in der Freundschaft sich mitteilt ...
spricht, formuliert, der vertreibt Gespenster.
Das Echo in der Freundschaft ist ein Schritt

näher zur Wahrheit und höher in der Liebe.
Gegenseitige Mitteilung und Aufnahme
ist Geborgenheit und Befruchtung.
Erst in der Freundschaft
wird die Freiheit volle Wirklichkeit!
Man frage die Geschichte,
und in der Geschichte alle Menschen,
die frei gewesen sind.

41.

Magnanimitas

„Dignitatis memores, ad optima intenti" –
„Eingedenk der eigenen Würde,
nach dem Besten streben!"
(SPRUCH AUS DER ALTSTADT VON PRAG)
Der Mensch ist nicht nur groß,
er kann seine eigene Größe übersteigen.
„L'homme surpasse infiniment l'homme".
Entspricht er nicht seiner „Übergröße",
wird er unglücklich sein!
Ist der Mensch unglücklich,
kann er sich nicht frei fühlen!
Die innerste Kraft seines Wesens
treibt ihn zum Ausbruch aus der Enge.
Die Weite, deren der Mensch fähig ist,
lädt ihn zur „extensio animi ad magna" ein,
zum „Hinlangen seines Geistes nach dem Großen".
(THOMAS VON AQUIN)

„Größe ist der weltliche Name für Göttlichkeit. Beide bedeuten einfach, was jenseits von uns liegt."

G. Bernhard Shaw

42.

Das Edle

Daß die Bibel die Herkunft des Menschen im Lehm sieht,
vermittelt uns eine entscheidende Einsicht.
Der Mensch ist Lehm . . .
und erlebt in seinem Leben oft Morast.
Doch die Bibel vollendet diese Darstellung,

indem sie erzählt, daß Gott in die Nase
des aus Lehm geformten Menschen blies ...
Und das Blasen Gottes
war die Mitteilung seiner Ebenbildlichkeit.
Wie die Lotosblume über den Morast
und sogar durch den Morast heraufzuwachsen
und zu blühen weiß,
so ist der Mensch zum Blühen
in den Höhen berufen: zum Edlen!
Morast kann versklaven!
Edel sein und zu den lichten Höhen des Wahren,
des Guten, des Schönen sich zu erheben,
und dort immer allem zum Trotz zu verweilen,
garantiert den Triumph der Freiheit.

„Die Wahrheit wird euch frei machen.“

Jesus von Nazaret

43.

Bibel: Zehn Worte zur Freiheit

1. Ihr habt die Freiheit von Christus erhalten:
   unterwerft euch nicht, wenn es darum geht,
   die Wahrheit des Evangeliums zu erhalten.
   (Siehe Gal 2, 4-5)
2. Um frei zu leben, hat euch Christus befreit.
   Laßt euch nicht mehr ein neues Joch auferlegen.
   (Siehe Gal 5, 1)
3. Die Wahrheit wird euch frei machen.
   Bemüht euch, die Wahrheit zu erkennen.
   (Siehe Joh 8, 32)
4. Weil ihr Kinder Gottes seid, seid ihr frei.
   Lebt also frei, damit man euch
   als Kinder Gottes erkennt. (Röm 8, 12–17)
5. Wo der Geist des Herrn ist,
   da ist Freiheit:
   bringt die Freiheit als Frucht des Geistes zur Reife.
   (Siehe 2 Kor 3, 17)
6. Euer Gewissen macht euch frei!
   Warum sollte eure Freiheit

vom Gewissensurteil eines anderen abhängig sein?
(1 KOR 10, 29)

7. Ihr seid zur Freiheit berufen!
   Mißbraucht aber nicht die Freiheit für den Egoismus,
   dient einander freiwillig in Liebe. (SIEHE GAL 5, 13)
8. Das „Gesetz des Geistes und des Lebens"
   in Christus hat euch frei gemacht
   von der Macht des Bösen
   und von der Angst des Todes.
   Laßt euch vom Geiste Christi erfassen.
   (SIEHE RÖM 8, 2)
9. Wenn ihr euch in das vollkommene
   „Gesetz der Freiheit" vertieft und daran festhaltet,
   dann wird euch die Freiheit glücklich machen.
   (SIEHE JAK 1, 25)
10. Auch die Schöpfung soll von der Sklaverei
    und Verlorenheit befreit werden zur Freiheit
    und Herrlichkeit der Kinder Gottes. (RÖM 8, 21)

„Wo Christus ist, das ist Freiheit."

Paulus von Tarsus

44.

Die Freiheit und die Menschenrechte

Der Mensch ist erst Mensch in der Freiheit.
Warum ist nicht bei allen Menschen
eine „Leidenschaft", die Freiheit in der Welt
zu pflegen und zu fördern?
Welche dämonische Kraft bewirkt oft das Gegenteil?
Wir können nur froh und dankbar sein,
daß Menschen in unserem Jahrhundert
im Dienste der Freiheit der Menschen
uns eine Aufstellung von Menschenrechten
gegeben haben, in der es klargestellt wird:

Allgemeine Erklärung der Menschenrechte

„Alle Menschen sind frei."

Artikel 1. **Alle Menschen sind frei** und gleich an Würde und Rechten geboren. Sie sind mit Vernunft und Gewissen begabt und sollen einander im Geiste der Brüderlichkeit (Geschwisterlichkeit) begegnen.

Artikel 2. Jeder Mensch hat Anspruch auf die in dieser Erklärung verkündeten Rechte und Freiheiten ohne irgendeine Unterscheidung, wie etwa nach Rasse, Farbe, Geschlecht, Sprache, Religion, politischer und sonstiger Überzeugung, nationaler oder sozialer Herkunft, nach Eigentum, Geburt oder sonstigen Umständen.

Weiters **darf keine Unterscheidung gemacht werden** auf Grund der politischen, rechtlichen oder internationalen Stellung des Landes oder Gebietes, dem eine Person angehört, ohne Rücksicht darauf, ob es unabhängig ist, unter Treuhandschaft steht, keine Selbstregierung besitzt oder irgendeiner anderen Beschränkung seiner Souveränität unterworfen ist.

Artikel 3. Jeder Mensch hat das Recht auf Leben, Freiheit und Sicherheit der Person.

Artikel 4. Niemand darf in Sklaverei oder Leibeigenschaft gehalten werden; Sklaverei und Sklavenhandel sind in allen ihren Formen verboten.

Artikel 5. Niemand darf der Folter oder grausamer, unmenschlicher oder erniedrigender Behandlung oder Strafe unterworfen werden.

Artikel 6. **Jeder Mensch** hat überall **Anspruch auf Anerkennung** als Rechtsperson.

Artikel 7. **Alle Menschen sind vor dem Gesetz gleich** und haben ohne Unterschied Anspruch auf gleichen Schutz durch das Gesetz. Alle haben Anspruch auf gleichen Schutz gegen jede unterschiedliche Behandlung, welche die vorliegende Erklärung verletzen würde, und gegen jede Aufreihung zu einer derartigen unterschiedlichen Behandlung.

Artikel 8. Jeder Mensch hat Anspruch auf wirksamen Rechtsschutz vor den zuständigen innerstaatlichen Gerichten gegen alle Handlungen, die seine ihm nach der Verfassung oder nach dem Gesetz zustehenden Grundrechte verletzen.

Artikel 9. Niemand darf willkürlich festgenommen, in Haft gehalten oder des Landes verwiesen werden.

Artikel 10. Jeder Mensch hat in voller Gleichberechtigung Anspruch auf ein der Billigkeit entsprechendes und öffentliches Verfahren vor einem unabhängigen und unparteiischen Gericht, das über seine Rechte und Verpflichtungen oder über irgendeine gegen ihn erhobene strafrechtliche Beschuldigung zu entscheiden hat.

„Jeder Mensch ist so lange als unschuldig anzusehen, bis seine Schuld nachgewiesen ist.“

Artikel 11. (1) **Jeder Mensch,** der einer strafbaren Handlung beschuldigt wird, **ist so lange als unschuldig anzusehen, bis seine Schuld** in einem öffentlichen Verfahren, in dem alle für seine Verteidigung nötigen Voraussetzungen gewährleistet waren, gemäß dem Gesetz **nachgewiesen ist**.

(2) Niemand kann wegen einer Handlung oder Unterlassung verurteilt werden, die im Zeitpunkt, da sie erfolgte, auf Grund des nationalen oder internationalen Rechts nicht strafbar war. Desgleichen kann keine schwerere Strafe verhängt werden als die, welche im Zeitpunkt der Begehung der strafbaren Handlung anwendbar war.

Artikel 12. Niemand darf willkürlichen Eingriffen in sein Privatleben, seine Familie, sein Heim oder seinen Briefwechsel noch Angriffen auf seine Ehre und seinen Ruf ausgesetzt werden. **Jeder Mensch hat Anspruch**

auf rechtlichen Schutz gegen derartige Eingriffe oder Anschläge.

Artikel 13. (1) Jeder Mensch hat das Recht auf Freizügigkeit und freie Wahl seines Wohnsitzes innerhalb eines Staates.

(2) Jeder Mensch hat das Recht, jedes Land, einschließlich seines eigenen, zu verlassen sowie in sein Land zurückzukehren.

Artikel 14. (1) Jeder Mensch hat das Recht, in anderen Ländern vor Verfolgungen Asyl zu suchen und zu genießen.

„Die Familie ist die natürliche und grundlegende Einheit der Gesellschaft.“

(2) Dieses Recht kann jedoch im Falle einer Verfolgung wegen nichtpolitischer Verbrechen oder wegen Handlungen, die gegen die Ziele und Grundsätze der Vereinten Nationen verstoßen, nicht in Anspruch genommen werden.

Artikel 15. (1) Jeder Mensch hat Anspruch auf eine Staatsangehörigkeit.

(2) Niemandem darf seine Staatsangehörigkeit willkürlich entzogen noch ihm das Recht versagt werden, seine Staatsangehörigkeit zu wechseln.

Artikel 16. (1) Heiratsfähige Männer und Frauen haben ohne Beschränkung durch Rasse, Staatsbürgerschaft oder Religion das Recht, eine Ehe zu schließen und eine Familie zu gründen. Sie haben bei der Eheschließung, während der Ehe und bei deren Auflösung gleiche Rechte.

(2) Die Ehe darf nur auf Grund der freien und vollen Willenseinigung der zukünftigen Ehegatten geschlossen werden.

(3) **Die Familie ist die natürliche und grundlegende Einheit der Gesellschaft** und hat Anspruch auf Schutz durch Gesellschaft und Staat.

Artikel 17. (1) Jeder Mensch hat allein oder in Gemeinschaft mit anderen Recht auf Eigentum.

(2) Niemand darf willkürlich seines Eigentums beraubt werden.

Artikel 18. **Jeder Mensch hat Anspruch auf Gedanken-, Gewissens- und Religionsfreiheit:** dieses Recht umfaßt die Freiheit, seine Religion oder seine Überzeugung zu wechseln, sowie die Freiheit, seine Religion oder seine Überzeugung allein oder in Gemeinschaft mit anderen, in der Öffentlichkeit oder privat, durch Lehre, Ausübung, Gottesdienst und Vollziehung von Riten zu bekunden.

Artikel 19. **Jeder Mensch hat das Recht auf freie Meinungsäußerung:** dieses Recht umfaßt die Freiheit, Meinungen unangefochten anzuhängen und Informationen und Ideen mit allen Verständigungsmitteln ohne Rücksicht auf Grenzen zu suchen, zu empfangen und zu verbreiten.

Artikel 20. (1) Jeder Mensch hat das Recht auf Versammlungs- und Vereinigungsfreiheit zu friedlichen Zwecken.

(2) Niemand darf gezwungen werden, einer Vereinigung anzugehören.

Artikel 21. (1) Jeder Mensch hat das Recht, an der Leitung der öffentlichen Angelegenheiten seines Landes unmittelbar oder durch frei gewählte Vertreter teilzunehmen.

(2) Jeder Mensch hat unter gleichen Bedingungen das Recht auf Zulassung zu öffentlichen Ämtern in seinem Lande.

(3) **Der Wille des Volkes bildet die Grundlage für die Autorität der öffentlichen Gewalt;** dieser Wille muß durch periodische und unverfälschte Wahlen mit

„Jeder Mensch hat Anspruch auf Gedanken-, Gewissens-, und Religionsfreiheit.“

allgemeinem und gleichem Wahlrecht bei geheimer Stimmabgabe oder in einem gleichwertigen freien Wahlverfahren zum Ausdruck kommen.

Artikel 22. Jeder Mensch hat als Mitglied der Gesellschaft Recht auf soziale Sicherheit, er hat Anspruch darauf durch innerstaatliche Maßnahmen und internationale Zusammenarbeit unter Berücksichtigung der Organisation und der Hilfsmittel jedes Staates in den Genuß der für seine Würde und die freie Entwicklung seiner Persönlichkeit unentbehrlichen wirtschaftlichen, sozialen und kulturellen Rechte zu gelangen.

„Jeder Mensch hat Anspruch auf Erholung und Freizeit."

Artikel 23. (1) Jeder Mensch hat das Recht auf Arbeit, auf freie Berufswahl, auf angemessene und befriedigende Arbeitsbedingungen sowie auf Schutz gegen Arbeitslosigkeit.

(2) Alle Menschen haben ohne jede unterschiedliche Behandlung das Recht auf gleichen Lohn für gleiche Arbeit.

(3) Jeder Mensch, der arbeitet, hat das Recht auf angemessene und befriedigende Entlohnung, die ihm und seiner Familie eine der menschlichen Würde entsprechende Existenz sichert und die, wenn nötig, durch andere soziale Schutzmaßnahmen zu ergänzen ist.

(4) Jeder Mensch hat das Recht, zum Schutze seiner Interessen Berufsvereinigungen zu bilden und solchen beizutreten.

Artikel 24. **Jeder Mensch hat Anspruch auf Erholung und Freizeit** sowie auf eine vernünftige Begrenzung der Arbeitszeit und auf **periodischen, bezahlten Urlaub.**

Artikel 25. (1) Jeder Mensch hat Anspruch auf eine Lebenshaltung, die seine und seiner Familie Gesundheit und Wohlbefinden, einschließlich Nahrung, Kleidung,

Wohnung, ärztlicher Betreuung und der notwendigen Leistungen der sozialen Fürsorge, gewährleistet; er hat das Recht auf Sicherheit im Falle von Arbeitslosigkeit, Krankheit, Invalidität, Verwitwung, Alter oder von anderweitigen Verlusten seiner Unterhaltsmittel durch unverschuldete Umstände.

(2) Mutter und Kind haben Anspruch auf besondere Hilfe und Unterstützung. **Alle Kinder, eheliche und uneheliche, genießen den gleichen sozialen Schutz.**

Artikel 26. (1) **Jeder Mensch hat das Recht auf Bildung.** Der Unterricht muß wenigstens in den Elementar- und Grundschulen unentgeltlich sein. Der Elementarunterricht ist obligatorisch. Fachlicher und beruflicher Unterricht soll allgemein zugänglich sein; die höheren Studien sollen allen nach Maßgabe ihrer Fähigkeit und Leistungen in gleicher Weise offen stehen.

„Jeder Mensch hat das Recht auf Bildung."

(2) **Die Ausbildung soll die volle Entfaltung der menschlichen Persönlichkeit** und die Stärkung der Achtung der Menschenrechte und Grundfreiheiten **zum Ziele haben.** Sie soll Verständnis, Duldsamkeit und Freundschaft zwischen allen Nationen und allen rassischen oder religiösen Gruppen fördern und die Tätigkeit der Vereinten Nationen zur Aufrechterhaltung des Friedens begünstigen.

(3) In erster Linie haben die Eltern das Recht, die Art der ihren Kindern zuteil werdenden Bildung zu bestimmen.

Artikel 27. (1) Jeder Mensch hat das Recht, am kulturellen Leben der Gemeinschaft frei teilzunehmen, sich der Künste zu erfreuen und am wissenschaftlichen Fortschritt und dessen Wohltaten teilzuhaben.

(2) Jeder Mensch hat das Recht auf Schutz der moralischen und materiellen Interessen, die sich aus jeder

wissenschaftlichen, literarischen oder künstlerischen Produktion ergeben, deren Urheber er ist.

Artikel 28. **Jeder Mensch hat Anspruch auf eine soziale und internationale Ordnung,** in welcher die in der vorliegenden Erklärung angeführten Rechte und Freiheiten voll verwirklicht werden können.

Artikel 29. (1) Jeder Mensch hat Pflichten gegenüber der Gemeinschaft, in der allein die freie und volle Entwicklung seiner Persönlichkeit möglich ist.

(2) Jeder Mensch ist in Ausübung seiner Rechte und Freiheiten nur den Beschränkungen unterworfen, die das Gesetz ausschließlich zu dem Zwecke vorsieht, um die Anerkennung und Achtung der Rechte und Freiheiten der anderen zu gewährleisten und den gerechten Anforderungen der Moral, der öffentlichen Ordnung und der allgemeinen Wohlfahrt in einer demokratischen Gesellschaft zu genügen.

„Jeder Mensch hat Anspruch auf eine soziale und internationale Ordnung."

(3) Rechte und Freiheiten dürfen in keinem Fall im Widerspruch zu den Zielen und Grundsätzen der Vereinten Nationen ausgeübt werden.

Artikel 30. Keine Bestimmung der vorliegenden Erklärung darf so ausgelegt werden, daß sich daraus für einen Staat, eine Gruppe oder eine Person irgendein Recht ergibt, eine Tätigkeit auszuüben oder eine Handlung zu setzen, welche auf die Vernichtung der in dieser Erklärung angeführten Rechte und Freiheiten abzielen.

(Herausgegeben von den Vereinten Nationen)

45.

Die Freiheit und die Christen

Mit Recht ist gesagt worden,
daß die eigentliche Aufgabe Christi war,
den Menschen frei zu machen:
- frei vom Bösen,
- frei von der Angst,
- frei vom unnötigen Gesetz,
- frei vom unterdrückenden Menschen,
- frei von unmenschlichen Institutionen,
- frei von einem falschen, beängstigenden Gott.

Die Sendung der Christen ist: die Sendung Christi!
Die Sendung der Christen ist, dem Menschen zu helfen,
frei in einer freien Welt
vor einem befreienden Gott zu sein.
Welche diabolische Macht hat es fertiggebracht,
so schlimme „dämonische Gottesbilder"
hervorzurufen?
Wir sind sehr dankbar für folgende . . .

„Für die Freiheit seid ihr befreit worden."

Paulus von Tarsus

Charta der Katholikenrechte in der Kirche*

„Alle Katholiken haben das Recht auf Redefreiheit, Pressefreiheit und Bündnisfreiheit."

Grundrechte

1. Alle Katholiken haben das Recht, in sämtlichen Angelegenheiten ihrem informierten Gewissen zu folgen. **[1]
2. Amtsinhaber in der Kirche haben das Recht, in Angelegenheiten privater wie öffentlicher Sittlichkeit zu lehren, sofern sie ihre Lehren erst nach umfassender Beratung formuliert haben.[2]
3. Alle Katholiken haben das Recht, sich an sämtlichen Aktivitäten zu beteiligen, die nicht die Rechte anderer beeinträchtigen. Z. B. haben sie das Recht auf Redefreiheit, Pressefreiheit und Bündnisfreiheit.[3]
4. Alle Katholiken haben das Recht auf Zugang zu sämtlichen in der Amtsgewalt der Kirche befindlichen Informationen, welche die spirituelle und zeitliche Wohlfahrt betreffen, vorausgesetzt, ein solcher Zugang beeinträchtigt nicht die Rechte anderer.[4]

Entscheidungsfindung und Dissens

5. Alle Katholiken haben ein Stimmrecht in allen sie betreffenden Entscheidungen, einschließlich der Wahl ihrer Hirten.[5]
6. Alle Katholiken haben ein Recht auf Hirten, die ihnen gegenüber rechenschaftspflichtig sind.[6]
7. Alle Katholiken haben ein Recht auf Bildung von freiwilligen Vereinigungen mit katholischen Zielen.

---

* Aus dem Buch „Alle Katholiken haben das Recht ...",
Kösel-Verlag 1990, S. 28–31.
** Verweis auf die Canones im Kirchenrecht:
[1] Canon 748, 1; [2] C. 212; C. 747; C. 749; C. 752; C. 774, 1; [3] C. 212, 2, 3; C. 215; C. 223, 1; [4] C. 218; C. 221, 1.2.3; C. 223, 1; C. 537; [5] C. 212, 3; [6] C. 492; C. 1287, 2;

Eingeschlossen darin ist das Recht auf gemeinsame Gottesdienstfeier. Solche Vereinigungen haben das Recht, über ihre eigenen Verfahrensregeln selbst zu entscheiden.[7]

8. Alle Katholiken haben das Recht, ihren Dissens bezüglich Entscheidungen der kirchlichen Autoritäten öffentlich zu äußern.[8]

Ordentliches Verfahren

9. Alle Katholiken haben ein Recht auf allgemein akzeptierte faire administrative und rechtliche Verfahrensregeln, die ungerechtfertigte Verzögerungen ausschließen.[9]
10. Alle Katholiken haben das Recht, im Rahmen der allgemeinen Prozeßordnungen Beschwerde einzulegen.[10]
11. Alle Katholiken haben das Recht auf Unantastbarkeit ihres guten Rufs und auf Unverletzlichkeit ihrer Privatsphäre.[11]

Kirchliche Dienste und Spiritualität

12. Alle Katholiken haben ein Recht auf den Empfang aller kirchlichen Dienste, die zur Führung eines christlichen Lebens benötigt werden. Das schließt ein:
    a) die Unterweisung in der katholischen Tradition und die Darstellung der Morallehre in einer Weise, die die Hilfe und Relevanz der christlichen Werte für das Leben in der heutigen Zeit deutlich macht;[12]

„Alle Katholiken haben ein Recht auf den Empfang aller kirchlichen Dienste, die zur Führung eines christlichen Lebens benötigt werden."

[7] C. 215; C. 299; C. 300; C. 305; C. 309; [8] C. 212, 3; C. 218; C. 735; [9] C. 221, 1.2.3; C. 223, 1.2; [10] C. 221, 1.2.3; C. 223, 1.2; [11] C. 220; [12] C. 229, 1.2;

„Alle Katholiken haben ein Recht darauf, daß kirchliche Amtsträger den Sinn für die Gemeinschaft fördern."

b) einen Gottesdienst, der die Freuden und Sorgen der versammelten Gemeinde widerspiegelt, sie inspiriert und unterweist;

c) pastorale Beratung, die mit Liebe und Ausdauer das christliche Erbe an Menschen in besonderen Situationen heranträgt. [13]

13. Alle Katholiken haben das Recht, im aufmerksamen Hören auf die Weisungen des Evangeliums jedem Weg zu folgen, von dem sie glauben, daß er ihr Leben in Christus mehren wird (d. h. ihre Selbstverwirklichung als einmalige, von Gott geschaffene Menschen). Sie haben auch das Recht auf eine Unterweisung, die ein authentisches menschliches Leben auf der persönlichen Ebene und im Verhältnis zu ihren Gemeinschaften und zur Welt fördert. [14]

14. Alle Katholiken haben das Recht, den Gebräuchen und Gesetzen des Ritus ihrer Wahl zu folgen und dementsprechend Gottesdienst zu feiern. [14a]

15. Alle Katholiken - ohne Rücksicht auf Rasse, Alter, Nationalität, Geschlecht, sexuelle Orientierung, Familienstand oder soziale Stellung - haben das Recht, alle Sakramente zu empfangen, für die sie ausreichend vorbereitet worden sind. [15]

16. Alle Katholiken - ohne Rücksicht auf ihren kirchenrechtlichen Status (Laie oder Kleriker), Geschlecht und sexuelle Orientierung - haben das Recht, alle Dienste in der Kirche auszuüben, für die sie ausreichend vorbereitet worden sind, je nach den Bedürfnissen und mit Zustimmung der Gemeinde. [16]

17. Alle Katholiken haben ein Recht darauf, daß kirchliche Amtsträger den Sinn für die Gemeinschaft fördern. [17]

---

[13] C. 213; C. 217; [14] C. 213; [14a] C. 214; [15] C. 213; C. 843, 1; [16] C. 225, 1; C. 274, 1; C. 1024; [17] C. 369; C. 515;

18. Amtsträger in der Kirche haben ein Recht auf gründliche Ausbildung. Dies schließt gerechte finanzielle Unterstützung für die Wahrnehmung ihrer Ämter ebenso ein wie den Respekt und die nötige Freiheit zu ihrer ordentlichen Ausübung. [18]

19. Alle Katholiken haben ein Recht auf gründlich ausgebildete kirchliche Amtsträger und das Recht, zu erwarten, daß diese ihre Weiterbildung während der gesamten Dienstzeit fortsetzen. [19]

20. Lehrende der katholischen Theologie haben ein Recht auf verantwortliche akademische Freiheit. Über die Annehmbarkeit ihrer Lehre muß im Dialog mit ihren Kollegen geurteilt werden. Dabei muß ständig daran erinnert werden, daß verantwortlicher Dissens und Meinungsvielfalt legitim sind. [20]

„Amtsträger in der Kirche haben ein Recht auf gründliche Ausbildung."

Soziale und kulturelle Rechte

21. Alle Katholiken haben ein Recht auf Freiheit in politischen Angelegenheiten. [21]

22. Alle Katholiken haben das Recht, ihrem informierten Gewissen in der Arbeit für Gerechtigkeit und Frieden in der Welt zu folgen. [22]

23. Alle kirchlichen Angestellten haben ein Recht auf geeignete Arbeitsbedingungen und gerechte Löhne. Sie haben ebenfalls ein Recht darauf, daß ihr Arbeitsverhältnis nicht ohne ordentliches Verfahren gekündigt wird. [23]

24. Alle Katholiken haben das Recht, ihre künstlerischen und kulturellen Talente ohne Einflußnahme (d. h. Zensur) kirchlicher Autoritäten ausüben zu können. Ebenso haben alle Katholiken ein Recht darauf, frei die Früchte von Kunst und Kultur zu genießen.

---

[18] C. 231, 2; C. 281; [19] C. 217; C. 231, 1; C. 232; C. 279; C. 819; [20] C. 212, 1; C. 218; C. 752; C. 754; C. 279, 1; C. 810; C. 812; [21] C. 227; [22] C. 225, 2; [23] C. 231, 2.

„Verheiratete Katholiken haben das Recht, sich aus einer Ehe zurückzuziehen, die unwiederbringlich zerbrochen ist.“

Lebensstand

25. Alle Katholiken haben ein Recht auf freie Wahl ihres Lebensstandes; dies schließt das Recht zu heiraten und das Recht, zölibatär zu leben, ein.

26. Katholische Frauen haben das gleiche Recht wie Männer, zur Entscheidung über Finanzmittel und zur Ausübung der Amtsgewalt in der Kirche zugelassen zu werden.

27. Alle Katholiken haben das Recht, zu erwarten, daß die Finanzmittel der Kirche in gerechter Weise ohne Rücksicht auf Rasse, Alter, Nationalität, Geschlecht, sexuelle Orientierung, Lebensstand oder soziale Stellung verteilt werden.
) Katholische Eltern dürfen gerechte materielle und anderweitige Unterstützung durch kirchliche Autoritäten in der religiösen Erziehung ihrer Kinder erwarten.
    b) Alleinstehende Katholiken dürfen erwarten, daß ihre Bedürfnisse bei der gerechten Verteilung der Mittel der Kirche nicht übergangen werden.

28. Verheiratete Katholiken haben das Recht, nach ihrem Gewissen über die Größe ihrer Familie und die geeignetste Methode der Familienplanung zu entscheiden.

29. Katholische Eltern haben das Recht, sich um die Erziehung ihrer Kinder in allen Lebensbereichen zu kümmern.[24]

30. Verheiratete Katholiken haben das Recht, sich aus einer Ehe zurückzuziehen, die unwiederbringlich zerbrochen ist. All diese Katholiken behalten das radikale Recht, wieder zu heiraten.

31. Wiederverheiratete geschiedene Katholiken, die sich in ihrem Gewissen mit der Kirche ausgesöhnt haben,

---

[24] C. 226, 2.

haben dasselbe Recht auf alle Dienste einschließlich der Sakramente wie andere Katholiken.

Sprache

32. Katholiken dürfen erwarten, daß sexistische Sprache in kirchlichen Dokumenten und Materialien vermieden wird und daß Symbole und Bilder für Gott nicht ausschließlich männlich sind.

„Katholiken dürfen erwarten, daß Symbole und Bilder für Gott nicht ausschließlich männlich sind."

Für die Freiheit befreit

- Wo der Geist des Herrn anwesend ist,
  da ist Freiheit.
  Wagen wir auch die Umkehrung:
  Wo Freiheit ist, da ist der Geist des Herrn.
- Die Freiheit Christi meint auch Gleichberechtigung.
- Die Freiheit ist gegeben,
  aber sie ist nicht definitiv gesichert.
- Freiheit als bloßes Schlagwort,
  als leerer und völlig unbestimmter Begriff,
  bringt nicht sehr viel; er kann leicht überkippen,
  und dann wirkt er demoralisierend.
  Wenn der Freiheitsbegriff nicht konkretisiert
  und inhaltlich gefüllt wird,
  wird er zum Sprengstoff der Gesellschaft.
- Ohne Liebe keine Freiheit;
  ohne Freiheit keine Liebe.
- Die gesamte paulinische Ethik wäre aufzufassen
  als ein Ethos, in welchem es um nichts anderes geht
  als um die Realisierung der Freiheit,
  als Einübung des Menschen in die Freiheit,
  als Pädagogik – Pastoral – der Freiheit.
- Die Frage nach der Freiheit und die Gottesfrage
  hängen aufs engste miteinander zusammen.
  Man muß sogar sagen: Die Frage nach Gott
  ist die Frage nach unserer Freiheit.
- Ich habe noch immer den Eindruck,
  daß der Begriff der
  „Freiheit eines Christenmenschen" in unserer Kirche
  ein lutherisches Fremdwort ist.

Das Wort Freiheit
gehört noch nicht zu den Signalwörtern
der amtlichen Kirchensprache.
Das paulinische Ideal der christlichen Gemeinde
bestand nicht darin, die Glaubenden
vom kirchlichen Amt abhängig zu machen –
vielmehr hat nach Paulus das Amt die Aufgabe,
den Christen zu ihrer Mündigkeit
und Selbständigkeit zu verhelfen.

- Gefährdet ist die Freiheit dann,
  wenn sie nicht beansprucht wird.
- Die entscheidende Gefährdung der Freiheit
  kommt immer aus dem Menschen selbst.
- Die Freiheit ist eine Last für den Menschen,
  die er am liebsten loswerden möchte,
  vor allem deshalb,
  weil sie immer mit Verantwortung verbunden ist.
- Freiheit macht einsam.
- Viele fürchten sich vor der Freiheit,
  sie haben Angst vor ihr.
- Im Grunde wollen die Menschen nicht frei sein,
  sondern sie wollen satt sein.
- Man muß die Freiheit offenbar auch bewußt wollen,
  ganz wie es am Schluß des zweiten Teils
  von Goethes Faust heißt:
  „Das ist der Weisheit letzter Schluß:
  Nur der verdient sich Freiheit wie das Leben,
  der täglich sie erobern muß."
- Die ethischen Normen und Maximen müssen
  als das „vollkommene Gesetz der Freiheit"
  (Jak 1, 25; 2, 12)
  verstanden und eingeübt werden.

Josef Blank

Windhauch oder Lebensfülle

Liebe, Freude, Freiheit – ein Traum? Was sagt das Leben?

„ICH GLAUBE AN DEN NEUEN MENSCHEN“

Ich glaube fest an die Zukunft des neuen Menschen.
Ich glaube an eine andere Menschheit,
die brüderlicher ist.
Die Welt braucht den menschlichen,
harmonischen Atem.
Wir, alle Menschen,
müssen uns gegenseitig
als Menschen anerkennen
– als Geschwister – in der Utopie des Glaubens.
Ich glaube an den unmöglichen
notwendigen neuen Menschen!

Ich glaube nicht an die Rassen-
oder Klassentrennung:
– denn es gibt nur ein Bild Gottes im Menschen.

Ich glaube an keine Sklaverei:
– denn wir alle haben das Recht und die Pflicht,
in der Freiheit der Kinder Gottes zu leben,
mit der Christus uns befreit hat.

Ich glaube an keinen Kapitalismus:
– denn das wahre menschliche Kapital
ist der Mensch.

Ich glaube nicht an die Entwicklung
der Minderheiten
– auch nicht an die geistlose Entwicklung
der Mehrheit:

– denn diese Entwicklung
ist nicht mehr der neue Name des Friedens.
Ich glaube nicht an den Fortschritt um jeden Preis:
– denn der Mensch ist mit dem Preis
des Blutes Christi gekauft worden.

Ich glaube nicht an die mechanisierende Technik derer,
„die dem Computer sagen: du bist unser Vater",
– denn nur der lebendige Gott ist unser Vater.

Ich glaube nicht an die Konsumgesellschaft,
„die ständig konsumiert":
– denn nur die sind selig,
die Hunger und Durst nach der Gerechtigkeit haben.

Ich glaube nicht an die sogenannte Ordnung
des Status quo:
– denn das Reich Gottes und der Menschen
ist ein neuer Himmel und eine neue Erde.

Ich glaube nicht an die himmlische Stadt
auf Kosten der irdischen Stadt:
– denn „die Erde ist der einzige Weg,
der uns zum Himmel bringen kann".

Ich glaube nicht an die irdische Stadt
auf Kosten der himmlischen Stadt:
– denn „wir haben hier keine bleibende Stadt,
wir wandern der kommenden entgegen".

Ich glaube nicht an den alten Menschen:
– weil ich an den neuen Menschen glaube.

Ich glaube an den neuen Menschen:
Jesus Christus, den Auferstandenen,
den Erstgeborenen aller Menschen!
Amen. Alleluja.

BISCHOF PEDRO CASALDALIGA

DER SUCHENDE KOHELET

„Der Mensch ist, wie Gott ihn schuf und manchmal schlechter."

Sancho Panza

Man könnte das Buch der Bibel „Kohelet" den Sancho Panza der Heiligen Schrift nennen. Dem gutmütigen Wappenknecht von Don Quixote *(Don Quixote ist der Held des satirischen Romans des Cervantes; von ihm behauptet der große Theologe Urs von Balthasar, er sei mit „Der Idiot" von Dostojewskij die Gestalt aus der Weltliteratur, die Christus am nächsten kommt)* fehlte der Idealismus nicht, aber sein realistischer Sinn lähmte ihn immer wieder. Das Buch Kohelet vom Alten Testament ist so realistisch in seinen Fragen und Feststellungen, daß man den Eindruck bekommen kann, es vergißt da und dort Gott und seine Vorsehung!

Vielleicht ist uns christlichen Menschen Gott durch die Erziehung so absolut geschenkt worden, daß er zu schnell eine Antwort ist auf die Fragen, die wir nicht einmal stellen. Das Buch Kohelet fasziniert gerade deshalb, weil es keine Frage scheut.

„Kohelet heute": die Anregungen des alten Buches können uns zu einer tiefen Reflexion führen, um zu suchen, wo und wie die **echte Fülle des Lebens** anzustreben ist.

Hier ist ein solcher Versuch.

Vielleicht werden diese Sätze zur Anregung, um weiter nachzudenken.

1.

Das Dasein

(zu Koh 1, 1–3)

Hier meine Worte,
mit denen ich nicht fertig bin in meinem Denken!
Sie sind für die geschrieben,
die nicht aufhören, zu fragen.

*

Lieber ein gesunder Spaßvogel,
als ein „heiliger" Spielverderber,
denn die Freude ist die Fülle der Liebe,
und die Liebe ist die Fülle des Lebens

*

Das Wichtigste unter der Sonne
ist ihr Licht und ihre Wärme.
Licht und Wärme - das ist die Garantie
für die innere und äußere Freiheit.

2.

Alles fließt

(zu Koh 1, 4–8)

Alles ist in Bewegung, aber warum und wozu?
Wohin rennen die Menschen?
Das Grab stoppt alle Schritte . . .
Auch die der Liebe und der Freude?

*

Sonnenaufgang und Sonnenuntergang
sind nie langweilig;
langweilig ist nur, wer sie verpaßt.

*

Lieber ein gesunder Spaßvogel, als ein „heiliger" Spielverderber.

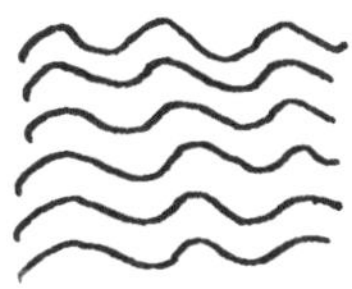

Der Sturm fegt alles Schwache dahin.

*

Die Flüsse machen das Meer nicht größer . . .
das Meer die Flüsse auch nicht!

Alles wird alt!
Solange die Dinge sind,
werden sie meistens verpaßt.
Glücklich die Augen, die hinschauen . . .
und die Ohren, die nicht überhören!

3.
Was im Herzen lebt
(Zu Koh 1, 9–11)

Nichts Neues unter der Sonne?
Die Sonne ist nicht verantwortlich
für den Mangel an Phantasie.

*

Die ewige Wiederkehr
ist vielleicht interessant
für Philosophen und Pessimisten.
In der Sonne der Freude ist alles einmalig.

*

Aus dem Auge, aus dem Sinn!
Was im Herzen lebt, will nicht sterben!

Nichts Neues unter der Sonne? Die Sonne ist nicht verantwortlich für den Mangel an Phantasie.

4.
Mit Optimismus
(Zu Koh 1, 12–15)

Ich, der ewige Optimist, bin arm!
Mein Einkommen ist klein,

und niemand merkt es!
Meine Wohnung ist nicht viel größer als ich . . .
So habe ich wenig abzustauben.

*

Gott hat uns Menschen
seine Welt anvertraut.
Hat er gewußt, was er tat?
Oder haben wir nicht verstanden,
was er gemeint hat?

*

Wie schön ist doch alles,
wenn wir mit richtigen Augen schauen
und keine „verfärbten" Brillen aufhaben.
Alles kann zur Fülle des Lebens beitragen.

*

Wer auf dieser Welt unglücklich ist,
soll sich nicht auf die nächste vertrösten:
Reife vermag alles!

5.
Sache des Herzens
(Zu Koh 1, 16–18)

Ich hab mir gedacht:
ob ich gescheit bin, weiß ich nicht!
Eines weiß ich: das Gescheiteste ist,
das Leben lebenswert zu machen -
und das ist allen möglich,
weil es Sache des Herzens ist.

*

Das Gescheiteste ist, das Leben lebenswert zu machen.

Arbeiten, um zu arbeiten
und studieren, um zu studieren, ist Narrensache.
Doch ohne Arbeit und Vertiefung
wird man närrischer.
Mensch sein entscheidet.
Das ist Fülle!

*

Wer viel weiß, hat viel Sorgen.
Wer viel liebt hat noch mehr Sorgen,
aber er merkt es nicht.

Wer trinkt aus Kummer, verdoppelt seinen Kummer.

6.

Auf der Suche nach dem Glück
(Zu Koh 2, 1–3)

Eine bittere Erfahrung: Lust ohne Freude ist Ekel!
Ein befreiendes Erlebnis:
Freude mit Lust ist ein ganzes Ja zu Gott.
Das ist unendliche Fülle.

*

Beim Lachen sagte ich:
Hier ist Gott!
Und bei der Freude: eine Vorübung des Himmels!

*

Das habe ich in meinem Leben oft festgestellt:
Wer trinkt aus Kummer,
verdoppelt seinen Kummer!

7.

Nur eines?

(Zu Koh 2, 4–11)

Wer trinkt in Freude, multipliziert seine Freude.
Nur die Tage des Lebens zählen,
die man in Liebe und Freude und Freiheit erlebt.

*

Wohlstand erlebe ich! Er läßt aber den Geist leer,
wenn der Geist ihn nicht anfüllt.

*

Das Leben ist immer mühsam!
Die Frage ist nur, um was man sich bemüht!
Unvergängliches ist manchmal Abstraktion ...
und Vergängliches ist nicht immer vergänglich.

*

Wieviel Streß sieht die Sonne!
Nur eines ist notwendig ...
aber dieses Eine hat es in sich!
Hat man es gefunden,
hat man die Fülle des Lebens gefunden!

8.

Der Mensch und seine Mühe

(Zu Koh 2, 12–18)

Nicht alle Verrückten sind verrückt!
Nicht alle Gescheiten sind gescheit!
Es gibt Quixoten! Und nicht selten
übertrifft die „Einbildung" die Bildung.

*

Nur die Tage des Lebens zählen, die man in Liebe und Freude und Freiheit erlebt.

Von Mensch zu Mensch ist nicht viel Unterschied!
Gelehrsamkeit oder Reichtum
machen den Menschen nicht größer.
Im Grab wird alles Staub!
Was der Mensch menschenwürdig erlebt,
das zählt! Das ist Fülle!

*

Lebensmüde sind sehr leicht
die Todmüden und die Gelangweilten.
Ein letztes Ziel vor Augen haben,
ein frisches Herz bewahren,
immer wieder etwas Neues vorhaben,
reine Luft atmen, locker atmen,
Humor behalten . . .
so lohnt sich das Leben unter der Sonne.
Das ist Fülle!

Humor behalten . . . so lohnt sich das Leben unter der Sonne. Das ist Fülle!

9.

Arbeiten und Leben
(Zu Koh 2, 18–23)

Ich war ein Narr: ich dachte,
Besitz von den Dingen zu nehmen,
dabei nahmen die Dinge mich in Besitz.
Ich dachte, ich brauchte viel, um gut zu leben,
dabei ist gut zu leben, wenn man wenig . . .
und immer weniger,
bis man schließlich „nichts“ braucht, um zu leben!
Die Genügsamen leben!

*

Wem soll ich meinen Besitz überlassen?
Den materiellen meinetwegen, dem Erstgierigen.

Den geistigen allen Interessierten!
Das ist Fülle der Arbeit und des Lebens.

*

Arbeiten, um zu leben . . .
und leben, um zu arbeiten,
ist ein zu langweiliger Kreis!
Für den Menschen
gibt es nicht nur eine Welt unter der Sonne . . .
Die über der Sonne ist weiter . . .
Dort ist auch der Lebensraum des Menschen.

*

So mancher arbeitet gekonnt,
geschickt und mit Erfolg!
Den Genuß des Erfolgs
haben gewöhnlich die Nachfolger!
Lohnt sich so viel Mühe?
Der eigentliche Sinn jeder Arbeit
ist eine bessere Welt . . .
eine neue Erde als Vorspiel des neuen Himmels!
Dann wird alles zur Erfüllung, zur Fülle.

10.
Die Sehnsucht
(Zu Koh 2, 24–26)

„Brot und Spiele" – das ist eine Antwort
auf die Sehnsucht, zu leben!
Das Brot des Lebens, der Wein des Herzens
sind wohl die Gabe zur Fülle!

*

Gibt es etwas außerhalb vom Göttlichen?
Fehlt etwas im Göttlichen?

*

Das Brot des Lebens, der Wein des Herzens sind wohl die Gabe zur Fülle!

Was gibt Gott denen, die ihn lieben?
Schwere Frage!
Gibt es aber jemand, den Gott nicht liebt?
Diese Erkenntnis gibt dem Leben und dem Tod
Sinn und Fülle.

11.

Wozu arbeiten?

(Zu Koh 3, 1–15)

So mancher glaubt, es gibt Zeit für alles,
aber zeit seines Lebens geschieht nichts.
Die Zeit ist kurz,
aber in der Zeit kann es viel Schönes
und Glückliches geben,
wenn die Liebe ihr die Fülle gibt.

*

Ein Leben ohne Beschäftigung
ist nicht weit entfernt von der Hölle . . .
Ein Leben in der Sklaverei der Arbeit
ist nicht besser.

So mancher glaubt, es gibt Zeit für alles, aber zeit seines Lebens geschieht nichts.

*

Wer gescheit und geschickt und intensiv arbeitet,
der macht Geschäft.
Was macht er dann mit dem Geschäft?

*

Auch Gott gehört zur Arbeiterklasse . . .
Er arbeitet eine ganze Ewigkeit sogar!
Doch ist das Werk Gottes
für die Menschen oft genug ein Rätsel.

*

Schaffen wegen Schaffen ist Sturheit!

*

Schaffen, nur um anzuschaffen,
ist nahe der Dummheit.
Schaffen, nur um zu genießen,
ist menschliche Enge!
Schaffen, um vollendend glücklich zu machen,
das ist würdig des Menschen.

*

Das habe ich in meinem Leben festgestellt:
Die Arbeit, die ich Gott überlassen habe,
hat er mir nicht abgenommen!
Die Arbeit, die ich ihm abnahm,
deren nahm er sich an.

*

Was ich alleine tue, vergeht!
Was Gott mit mir tut, bleibt!

Die Arbeit, die ich Gott überlassen habe, hat er mir nicht abgenommen!

12.
Vom Elend und Glück des Menschen
(Zu Koh 3, 16–17)

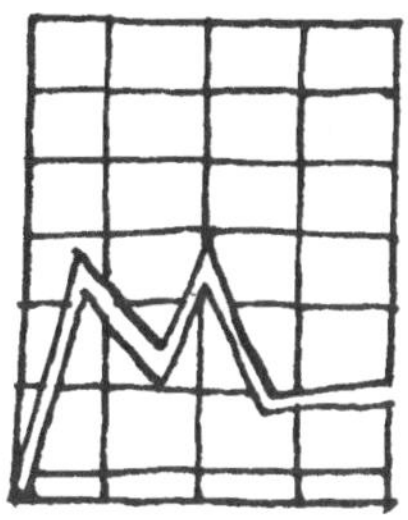

Gnade uns Gott
vor der menschlichen Gerechtigkeit . . .
Und die göttliche Barmherzigkeit
sei immer unsere Verteidigerin
bei allen göttlichen Gerichten!

Jedes Mal, wenn Lügen und Gaunereien
Oberhand gewinnen, frage ich mich,
wo ist jetzt Gott?
Hat er mehr Lust, den Betrüger zu bestrafen,
als dem Betrogenen zu helfen?

LEBENS-FÜLLE

Gott schuf den Menschen aus dem Staub! Eine göttliche Leistung! Warum macht Gott mit dem Menschen nicht „Tolleres" als mit dem Staub?

13.
Fatalismus?
(Zu Koh 3, 18–19)

Manches Tier erweckt mehr Vertrauen
als mancher Mensch!
Oft jagen Menschen mehr Angst ein als Tiere.
Soll man deshalb
die Tiere mehr lieben als die Menschen?

*

Unterliegt alles dem Schicksal?
Das Tier hat wenig Möglichkeiten,
das Schicksal zu überwinden!
Der Mensch schon viel mehr.
Absolut Herr des Schicksals
ist der Mensch auch nicht!
Es gibt einen letzten „Fatalismus" für alle!
Nur der Mensch kann
auch im letzten „Fatalismus"
mit der Liebe Fülle finden:
er kann sich immer noch hingeben.

14.
Wohin mit dem Blick?
(Zu Koh 3, 20–22}

Gott schuf den Menschen aus dem Staub!
Eine tolle Leistung . . . eine göttliche Leistung!
Und warum macht Gott mit dem Menschen
nicht „Tolleres" als mit dem Staub?
Der Vorteil des Staubes:
er kann nicht Widerstand leisten!

*

Wer nach oben schaut,
sieht sehr leicht die Sterne.

Wer nach unten schaut,
sieht meistens Staub und Lehm.
Im übrigen: Wo der Blick, da das Herz!
Wo das Herz, da die ganze Person!

*

Was ist Glück?
Ich weiß es nicht genau.
Und ich weiß nicht genau,
ob jemand es genau weiß!

15.

In Würde leben

(ZU KOH 4, 1–2)

Tragödie der Tragödien:
Menschen unterdrücken Menschen.
Gibt es so etwas im Lichte der Sonne,
daß Menschen stöhnen und seufzen,
weil sie wie Sklaven, als Untergeordnete,
als Untergebene behandelt werden,
und niemand findet etwas Abnormes dabei?
Das ist die Perversität der Perversen.

*

Wer sich seiner Menschenwürde bewußt ist,
hält den Tod für besser als die Sklaverei!
Doch sehr viele Sklaven merken nicht einmal,
daß sie Sklaven sind.

Viele Sklaven merken nicht einmal, daß sie Sklaven sind.

Lieber Freude mit Genügsamkeit, als Genuß mit Herzensleere.

16.

Freude mit Genügsamkeit
(ZU KOH 4, 3–6)

Oft sagt mir das Leben unter den Lebenden:
die Nicht-Lebenden haben es besser . . .
bis ich geliebte Liebende treffe!
Erfolg bei der Arbeit suchen,
kann eine schlimme Versuchung sein!
Erfolg als Ziel kann dazu verleiten,
über Leichen zu gehen.
Arbeit als Dienst, Frucht der Arbeit als Beitrag
für die Menschen . . . das ist Fülle!

*

Die Hände in den Schoß zu legen
und sich der nagenden Wirkung
der Vergänglichkeit auszuliefern,
ist Sache von Stupiden.
Doch lieber Freude mit Genügsamkeit,
als Genuß mit Herzensleere und Langeweile.

17.

Vom Reichtum der Begleitung
(ZU KOH 4, 7–12)

Auch das gibt es unter der Sonne:
niemand will ausgenützt oder betrogen werden!
Niemand will dumm sein
und nicht einmal dumm erscheinen!
Sich abrackern . . . und nichts davon haben . . .
ist dumm . . . es sei denn,
andere haben etwas davon: dann gehört es
zur Fülle der Liebe unter der Sonne.

Doch hektisch leben und hektisch sterben ...
dafür ist es zu traurig, geboren zu sein.

*

Einsam verlassen zu sein, ist schlecht!
Lieber zu zweit,
auch wenn man auf etwas verzichten muß.
Wenn einer stolpert, hilft der andere!
Weh dem Einsamen!
Wenn er fällt ... Wer hilft ihm?
Zu zweit ist jeder in Begleitung,
und Begleitung hebt die Angst auf
und stärkt die Sicherheit.

*

Sich selbst allein verteidigen, ist peinliche Sache.
Zu zweit wachsen die Kräfte ins Gigantische.
Und eine dreifache Schnur reißt schwer.

18.

Echte Größe

(Zu Koh 4, 13–16)

Bescheidene Herkunft ist kein Hindernis
für die Größe des Geistes.
Vornehme Abstammung ist keine Garantie
für die Größe des Herzens.

*

Errungene Größen können verkümmern ...
was nicht weiterwächst, verkümmert!
Ehrlichkeit, Suche nach dem Wahren,
Guten und Schönen ...

Was nicht weiterwächst, verkümmert!

Wie kann der Mensch das Glück erreichen? Vor allem, indem er sich vom Glück erreichen läßt!

Treue im Edlen, das ist die Garantie
einer echten Geistes-Größe.

*

Machtstreben bewirkt eine beschämende
Verschiebung von Menschen!

*

Menschenmassen sind immer noch Menschen . . .
aber auch Massen!
Ich stellte fest, daß der Mensch in der Masse
manipulierbar ist,
der Mensch in sich selbst . . . ansprechbar.

19.

Wann ist Geschenk Geschenk?
(Zu Koh 4, 17)

Geschenke ohne Herz sind ein Spott.
Liebe ohne Geschenke ist
Taubstummheit des Herzens!
Gehorsam als Entmündigung
ist auch bei den Unmündigen
und Entmündigten zu überwinden.
Aber alle wollen glücklich sein!
Wie kann der Mensch das Glück erreichen?
Vor allem,
indem er sich vom Glück erreichen läßt!
Glück ist zuerst Geschenk!
Wer Liebe annimmt und Liebe weitergibt,
der hat Glück angenommen,
Glück weitergeschenkt . . .
und das Glück „festgehalten".

20.
Nicht zu menschlich
(Zu Koh 5, 1–6)

Gott ist im Himmel,
und wir sind auf der Erde.
Interessieren Gott die Dinge der Erde,
wie uns die Dinge des Himmels interessieren?

*

Träume sind Zeichen . . .
und viel reden auch!

*

Wer zuviel verspricht,
gerät bald in Konflikt!
Wer sein Wort nicht hält,
sollte lieber nicht reden.
Wer seine Meinung nie ändert,
ist ein Narr.

*

Irren ist menschlich;
bloß dürfte es nicht zu oft vorkommen,
um von der eigenen Menschlichkeit
nicht zu viel zu überzeugen.
Die Extreme sind schlecht.

*

Zu viele Sorgen schaden
bei der Verdauung und beim Schlaf!
Zu viele Worte verwirren . . .
und langweilen.

***Wer seine
Meinung nie
ändert,
ist ein Narr.***

21.

Macht
(Zu Koh 5, 7–8)

Daß der Unschuldige unterdrückt
und die Gerechtigkeit ignoriert wird,
ist ein trauriges Privileg der Menschen.
Ein unverständliches Privileg
der Menschen ist es auch,
daß die Unterdrückten sehr oft
zu Unterdrückern werden,
wenn sie nur können.

*

Die erste Aufgabe der Regierenden ist,
ihre Leute frei zu machen.

Hat man nicht genug Geld, bereitet es Sorge. Kann man nie genug Geld haben, müßte es Sorge bereiten.

22.

Geld – Reichtum
(Zu Koh 5, 9–13)

Hat man nicht genug Geld,
bereitet es Sorge.
Kann man nie genug Geld haben,
müßte es Sorge bereiten.
Wer im Wohlhaben
zur rechten Zeit „genug" sagen kann,
für den gehört sogar das Geld
zur Fülle des Lebens.

*

Mehrt sich das Vermögen,
mehren sich die Möglichkeiten.
Es kommt nur darauf an,
wertvolle Möglichkeiten zu finden

und sie mit dem Vermögen
und mit der Intelligenz zu verwirklichen.
Da wird man bewundern.

*

Zum Himmelreich des Menschen
gehört auch die Arbeit.
Wer die Arbeit ernstnimmt,
hat guten Appetit und schläft gut.
Der Reiche, der aus seinem Reichtum
lebt und nicht aus seiner Arbeit,
verarmt als Mensch ...
hat höchstens einen künstlichen Appetit
und jedenfalls keinen tiefen Schlaf.

*

Wer wenig hat,
kommt auch mit wenig aus!
Wer viel hat, hat nie genug.
„Genug" -
das ist das Fremdwort der Reichen.
Daß der Reiche immer mehr will,
wird ihm oft zur Falle ...
dann steht er da: ohne Geld und
ohne Freunde.

Wer wenig hat, kommt auch mit wenig aus! Wer viel hat, hat nie genug.

23.
Wozu das Leben?
(Zu Koh 5, 14–15)

Wie der Mensch geboren wird,
so ist er!
Wie der Mensch stirbt,
so war er!
Alles andere ist Zusatz!

LEBENS-FÜLLE

Menschlich ist das Herz!
Alles andere ist „außermenschlich"
bis unmenschlich!

*

Was soll der Mensch
mit seinem Leben anfangen?
Ein Leben der Liebe zählt!
Ein Leben ohne Liebe
ist ein verfehltes Leben. –
Zwischen Geburt und Tod wird Fülle sein,
wenn dazwischen Liebe war . . .
Sonst wird alles gähnende Leere sein . . .
Ohne Liebe zählt alles nichts!

Vollkommen glücklich auf dieser Welt ist niemand! Nahe dazu kommt, wer liebend geliebt wird.

24.

Das Glück

(Zu Koh 5, 16–17)

Größe und Tragik des Menschen:
er kann die Geschichte
in die Hand nehmen und gestalten . . .
er kann auch
von der Geschichte überrollt werden!

*

Hier eine bestätigte Erfahrung
in meinem Leben:
vollkommen glücklich auf dieser Welt
ist niemand!
Nahe dazu kommt,
wer eine Verankerung im Absoluten hat;
wer liebend geliebt wird;
wer erhaben über all dem zu stehen weiß,
was unter ihm liegt;

wer in Reife über sich selbst
und über die ganze Welt zu lachen weiß
und nie den Humor verliert;
wer innerlich immer frei bleibt!
Es ist gewiß keine Störung
für das Glück des Menschen,
auch äußerlich frei zu sein,
sich guter Gesundheit zu erfreuen
und nicht nur genug zu essen zu haben,
sondern auch zu trinken.

25.

Die Freude

(ZU KOH 5, 18–19)

Alles auf dieser Welt
kann Grund zur Freude werden für die,
die fähig der Freude sind!
Erlebt einmal der Mensch
die echte, tiefe, allumfassende Freude,
dann vergißt er,
was Zeit und Grenzen sind . . .
Dann ahnt er,
was tiefe, tiefe Ewigkeit ist.

*

Die allumfassende Freude ist das Licht,
in dem der Mensch
der Wahrheit am leichtesten nahekommt!
In der allumfassenden Freude
spricht Gott am klarsten,
und der Mensch
vernimmt die Antwort Gottes
am leichtesten und direktesten.

In der allumfassenden Freude spricht Gott am klarsten, und der Mensch vernimmt die Antwort Gottes am leichtesten und direktesten.

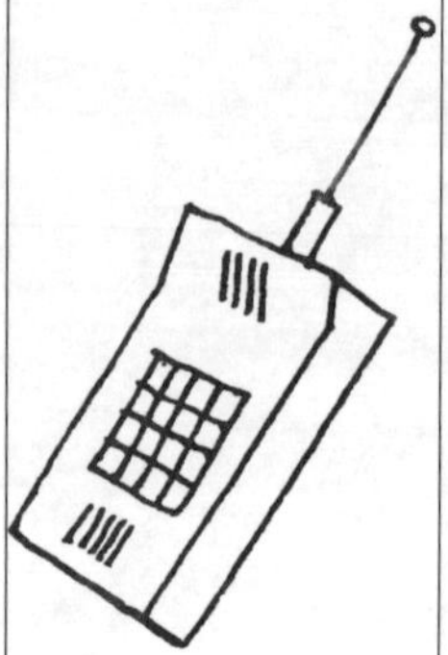

26.
Das Leben
(Zu Koh 6, 1–7)

Das kommt auch vor:
einer müht sich ab und sammelt!
Dann kommt ein Dritter daher
und hat den Nutzen davon!
Soll man sich ärgern?
Das edle Herz freut sich immer,
wenn nur Gutes geschieht!
Auch das ist Fülle des Lebens!

*

So mancher Mensch lebt nur für die Arbeit!
Ob das menschenwürdig ist?
Auch hier gilt es:
die Arbeit ist für den Menschen da,
und nicht der Mensch für die Arbeit.

*

Wer liebt und geliebt wird, liebt das Leben.

Lohnt es sich, zu leben?
Wozu wird der Mensch geboren?
Das Leben einer Fehlgeburt
ist kurz und schmerzlos.
Ist nicht jede Menschengeburt
die eigentliche Fehlgeburt?
So fragte ich mich,
bis ich die Liebe erlebte.
Wer liebt und geliebt wird,
liebt das Leben.

*

Alle wünschen sich ein langes Leben!
Wenige ringen um ein wertvolles Leben!
Wozu das Leben . . .
wenn man es vergeudet?
Was wird am Ende der Zeiten

vom Menschenwerk bleiben?
Was bedeutet die viele Arbeit des Menschen
in der Stunde des Todes?
Am Ende des Lebens zählt,
was aus dem Herzen kam . . .
Alles andere wird vom Herzen hinterfragt werden.

27.

Geist und Herz

(Zu Koh 6, 8–10)

Die Gebildeten bilden sich ein,
mehr zu sein als die Ungebildeten!
Selten fragen sie sich,
auf welche Bildung es ankommt.
Da ist ein Armer, der etwas kann,
und die Gebildeten machen ihm
das Leben unmöglich.
Doch das lernte ich:
lieber Armut mit Geist,
als Reichtum mit Einbildung.

*

Lieber ein glückliches Herz
als ein voller Bauch!
Das eine ist Fülle des Lebens . . .
das andere ist Leere der Dummheit!

*

Göttliches . . . Heiliges . . . Menschliches . . .
Drei Geheimnisse! Sie gehören zusammen!
Sie trennen zu wollen,
würde zu einem Chaos führen.
Sie gegeneinander ausspielen zu wollen,
wäre Gotteslästerung . . . Profanierung . . .

Lieber Armut mit Geist, als Reichtum mit Einbildung.

Entmenschlichung . . .
Die Wege Gottes sind für die Menschen
sehr oft und sogar beim wichtigsten
nicht durchsichtig . . . aber sicher!

28.

Auch das Geheimnis erklärt
(Zu Koh 6, 11–12)

Viele Erklärungen erklären oft wenig
und verdunkeln noch mehr!
Warum nicht die Fülle der Liebe suchen,
die nicht zu erklären ist,
aber zu erleben?

Das Leben des Lebens ist und bleibt die Liebe.

*

Die Tage des Menschenlebens
sind wie ein Hauch!
Stammt der Mensch vom Unendlichen,
so ist seine Geburt ein Freudenschrei.
Kehrt er zum Unendlichen zurück,
so ist sein Sterben
eine Rückgabe der Liebe an die Liebe.

29.

Leben und Liebe
(Zu Koh 7, 1–2)

Was ist ein Leben ohne Leben?
So mancher strebt dermaßen danach,
zu gelten und anerkannt zu werden,
daß er nicht einmal lebt!
Ein Leben mit Leben
hat keine Freude mit dem Tod!
Das Leben des Lebens
ist und bleibt die Liebe,

die liebt und geliebt wird
und immer im Dienste der Liebe steht.

*

Besser der Gang in ein Haus,
in dem der Durst gestillt wird,
als der Gang in ein Haus,
in dem man keinen Durst bekommt.
Doch noch besser der Ort,
an dem der Durst ständig zunimmt,
und wo es gleichzeitig
reichlich zu trinken gibt.

30.

Lachen . . . der Flug der Liebe
(ZU KOH 7, 3–7)

Das Lachen ist gut!
Sich ärgern ist schlecht!
Doch der Weise weiß,
im Ärger zu lernen
und in der Freude zu wachsen.

*

Das Herz der Eingebildeten ändert sich
nach dem Takt des Opportunismus!
Das Herz der Gebildeten irrt ohne Ruh!
Das Herz der Liebenden fliegt unbeschwert!
Und der Flug der Liebe
ist der Flug der Freude.

Das Herz der Eingebildeten ändert sich nach dem Takt des Opportunismus!

*

Besser die Mahnrede eines reifen Menschen
als der Gesang eines Schmeichlers.

*

Lachen ohne Grund
ist Zeichen von Dummheit.

LEBENS-FÜLLE

Lachen ohne Freude wird zur Grimasse.
Lachen mit Grund und in Freude
ist Fülle des Lebens . . .
was auch zur Fülle der Liebe führt!

*

In der Liebe gibt es keine Erpressung,
und in der Erpressung gibt es keine Liebe.
Bestechung ist das Eingeständnis der Lüge.

31.

Reife entscheidet
(Zu Koh 7, 8–10)

Wer nie wagt, gewinnt nie! Wer mutig wagt, soll auch mutig durchhalten.

Besser Mut, um anzufangen,
als ewige Angst vor den Schwierigkeiten.
Wer nie wagt, gewinnt nie!
Wer mutig wagt,
soll auch mutig durchhalten.
Der vorsichtige Stürmer
ist genauso wertvoll
wie der stürmische Kluge!

*

Der Ärger ist in irgendeiner Weise
ein Kapitulieren des Geistes. –
Der Ärger ist eine Ladung,
die niemand gut tut.
Ärgere dich nicht,
denn das ist ein Zeichen von Primitivität.

*

Es ist unreif, zu denken,
in anderen Zeiten
und unter anderen Umständen

ginge es besser und leichter.
Die beste Chance für jeden Menschen ist dort,
wo er seine Aufgabe hat,
wenn er sie zur rechten Zeit erfüllt!

32.

Das Beste ist das Ganze

(Zu Koh 7, 11)

Das Beste ist nicht das Bessere!
Das Beste ist das Ganze!
Und das Ganze ist erst recht
die Vollendung der Weisheit!

33.

Geld . . . Macht . . . Genuß

(Zu Koh 7, 12–14)

Viel Weisheit ohne Geld
ist nicht frei von Sorgen!
Viel Geld ohne Weisheit ist Fluch
und kann Dämonie werden.

*

Unendliches, Ewiges . . . Göttliches. . .
wer meint,
darüber etwas behaupten zu können,
ist ein Narr!
Wer das Absolute für sich beansprucht,
der wird zum Sklavenhalter für die,
die es ihm abkaufen.

*

Viel Geld ohne Weisheit ist Fluch und kann Dämonie werden.

LEBENS-FÜLLE

Geht es einem immer schlecht,
ist es schlecht!
Geht es einem immer gut . . .
ist das gut?
Mitten im Genuß kommt der Mensch
selten zur Besinnung. –
In der Widerwärtigkeit
hilft nur das Nachdenken . . .
und die Freunde,
wenn sie echte Freunde sind.
Daß es beides gibt . . .
ist das nicht Vorsehung?

Geht es einem immer schlecht, ist es schlecht! Geht es einem immer gut . . . ist das gut?

34.

Vorsehung?

(Zu Koh 7, 15–16)

Die Vorsehung, die Gerechtigkeit, die Liebe
sind mir ein Rätsel
im Laufe der Gestirne, der Geschichte,
des Lebens:
der Anstand ist den Anständigen
nicht selten zum Verhängnis geworden;
das Böse war den Bösen nicht selten
eine Stufe, um hinaufzukommen.
Doch meine Einsicht bleibt:
nur was Liebe ist,
und insofern es aus der Liebe kommt
oder zur Liebe führt,
ist würdig Gottes und der Menschen!

35.

Die goldene Mitte
(Zu Koh 7, 16–19)

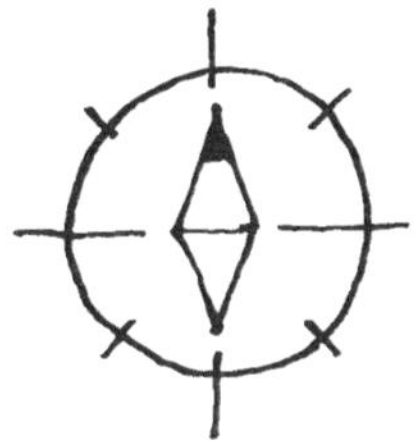

Ringe um die goldene Mitte
und frage dich immer,
was ist „die Mitte“,
und was ist „golden“.
Hier ist die Treffsicherheit des Lebens unerläßlich.

*

Den richtigen Weg des Lebens zu gehen,
besteht sehr oft darin,
die richtigen Grenzen
unserer begrenzten Fähigkeiten zu finden.

*

Die Plage mit dem Gesetz!
Hält man sich streng daran,
kann einem das Los der Dummen
beschieden sein.
Befreit man sich vom Gesetz,
kann man vom Gesetz zermalmt werden.
Das Gesetz wird sinnlos,
wenn der Mensch vor ihm blind wird.
Das Gesetz ist,
was der Mensch ist!
Und der Mensch ist,
wie er sich nach seinem Gewissen richtet.

*

Geist und Reife
geben mehr Festigkeit
und Sicherheit als tausend Gesetze!

Das Gesetz wird sinnlos, wenn der Mensch vor ihm blind wird.

36.

Die Dynamik des Geistes

(Zu Koh 7, 20–25)

Warum gibt es keinen vollkommenen Menschen
auf dieser Erde?

*

Viele Menschen reden zu viel.
Man muß nicht auf alles hören,
es wäre oft zu schade um die Zeit
und noch mehr um die Nerven.
Überhören können
schützt den Frieden, die Ruhe,
den Schlaf . . .
und rettet Gemeinschaft und Freundschaft.

*

Ich hab viel nachgedacht,
und meinte, gescheit zu werden.
Je mehr ich erkenne,
desto mehr weiß ich,
wie wenig ich erkenne.
Und das ist meine größte Erkenntnis.

Je mehr ich erkenne, desto mehr weiß ich, wie wenig ich erkenne. Und das ist meine größte Erkenntnis.

*

Nicht jeder, der lange lebt,
wird klug!
Wenn der Geist abwesend ist,
wird alles zur Maschine.
Die Dynamik des Geistes kann Zeit sparen
und Schmerzliches fernhalten.
Wenn der Geist lebt,
dann lebt der Mensch.
Und wenn der Mensch lebt,
dann lebt alles!

37.

Gott schuf den Menschen

(Zu Koh 7, 26–29)

Stärker als der Tod ist die Liebe.
Die Frau, die liebt
und Liebe zu erwidern weiß
und ihre Liebe fraulich zeigt
und Liebe fraulich annimmt,
ist ein Meer der Freude und des Glücks,
sie ist ein Turm auf Felsen.
Der Gefangene der Liebe
ist der freieste Mensch.

*

Stärker als der Tod ist die Liebe.
Der Mann, der liebt
und in der Liebe nichts schuldig bleibt,
und seine Liebe männlich schenkt
und die Liebe männlich annimmt,
ist eine Säule der Freude und des Glückes,
er ist ein Fels in der Brandung!

*

Wer nicht sucht,
wird wahrscheinlich nicht finden.
Ich suchte lange und fand nichts,
denn ich suchte Glück ohne Schmerzen
und Ewigkeit ohne Tod:
Wenn die Liebe nicht gibt, verarmt sie!
Wenn die Liebe nicht sich selbst gibt, stirbt sie.

*

Ich suchte den Mann und fand ihn nicht!
Ich suchte die Frau und fand sie nicht!
Ich suchte den Menschen
und fand die ganze Welt.

*

Wenn die Liebe nicht gibt, verarmt sie! Wenn die Liebe nicht sich selbst gibt, stirbt sie.

Gott schuf den Menschen,
und der Mensch schuf sich die Sorgen.

38.

Klug sein

(Zu Koh 8, 1–3)

Das Wissen veredelt den Menschen,
und die Freundlichkeit
macht ihn sympathisch.

*

Bilde dein Gewissen aus
und wachse in der Reife!
Kein Befehl ist gültig,
wenn das reife Gewissen nicht mitbefiehlt.
Und einen Eid vor Gott
oder vor dem Menschen braucht der nicht,
der wahrhaftig ist.
Einen Eid von einem Menschen zu verlangen
ist eine Beleidigung der Wahrhaftigkeit.

Das Wissen veredelt den Menschen, und die Freundlichkeit macht ihn sympathisch.

*

Die Stimme des Gewissens
ist die Stimme Gottes.
Verachte sie nicht,
denn das Gewissen kann „beißen".
Edler ist es,
vom Guten und Schönen
und Fröhlichen angezogen,
als von Gewissensbissen verjagt zu werden;
von Gott angezogen,
als von der Hölle terrorisiert zu werden.

39.
Klug handeln
(Zu Koh 8, 4–6)

Wenn ein Mensch
– und sei er König, Kaiser oder Papst –
sein Wort verabsolutiert,
hat er sich selbst erniedrigt:
es gibt nichts,
was die Überheblichkeit
und Dummheit des Menschen so klar zeigt,
wie die Narrheit,
sich gleich Gott machen zu wollen.

*

Kriecher vor den Mächtigen können
mit dem Wohlwollen der Mächtigen rechnen,
die Mächtigen lieben ja die Kriecher.
Dafür zahlen die Kriecher den teuren Preis,
sich ununterbrochen vor sich selbst
und vor der Geschichte zu schämen . . .
und die Angst, eines Tages vom Moloch,
den sie anbeten, zermalmt zu werden.

*

Der Weise weiß,
in Klugheit zur rechten Zeit
und am richtigen Platz die Wahrheit
und die Gerechtigkeit anzubringen.

Der Weise weiß, zur rechten Zeit die Wahrheit anzubringen.

Was wäre aus dem Menschen, wenn er wüßte, was auf ihn in der Zukunft wartet?

40.

Was unter der Sonne alles vorkommt
(Zu Koh 8, 7–12)

Was wäre aus dem Menschen,
wenn er wüßte,
was auf ihn in der Zukunft wartet?
Würde die erkannte Zukunft
Zuversicht oder Verzweiflung bedeuten?
So wichtig Vergangenheit und Zukunft
für den Menschen sind,
sein Leben ist die Gegenwart ...
wenn er sie nicht verpaßt.

*

Ist der Mensch Herr seines Lebens?
Mit der Freiheit des Menschen
über sein Leben und seinen Tod
ist es nicht zu weit.
Der Mensch
kann den Wind nicht einhalten ...
auch nicht seinen Atem!

*

Was unter der Sonne alles vorkommt:
Wenn ein Mensch über Menschen herrscht,
bildet er sich noch ein,
etwas zu können!

*

Arme Gerechtigkeit der Menschen ...
arme Menschen der Gerechtigkeit!
Arme Gerechtigkeit Gottes,
wenn sie durch die Gerechtigkeit
von Menschen gerettet werden soll!

Barmherzigkeit –
das ist die Fülle der Gerechtigkeit!
Und wer liebt,
verträgt die Ungerechtigkeit nicht.

*

Unser Lexikon wäre bereichert,
wenn das Wort „Strafe“ in ihm
keinen Platz hätte.
Die Menschheit wäre begnadet,
wenn sie die Strafe nicht nötig hätte.
Eines ist Tatsache:
je mehr Reife vorhanden,
desto weniger Gedanken der Strafe.

41.

Segen, Freude, Licht

(Zu Koh 8, 13–17)

So mancher Fromme spricht:
Bete viel und tue Gutes,
und Gott wird dich segnen! -
Ich habe viel gebetet
und mich bemüht, viel Gutes zu tun,
aber ich weiß immer noch nicht,
worin der Segen Gottes bestehen soll!
Wenn ich aber viel geliebt habe
und viel geliebt wurde,
dann erlebte ich,
daß die Liebe der Segen Gottes ist,
daß der Segen Gottes
das eigentliche Gebet ist.
Und wo Fülle der Liebe ist,
da ist der Segen Gottes in Fülle.

*

Barmherzigkeit – das ist die Fülle der Gerechtigkeit!

Die Freude ist Tochter der Harmonie . . . wie sie auch Mutter der Harmonie sein kann.

Die echte Freude ist Fülle des Lebens,
denn die Freude ist Tochter der Harmonie . . .
wie sie auch
Mutter der Harmonie sein kann.
Die Harmonie des Menschen
fängt in seinem Herzen an,
erfaßt alles
und schließt den Kreis im Herzen ab.
Wo bewußtes Erlebnis der Harmonie,
da Freude;
je mehr Harmonie, je mehr Erlebnis
und je bewußter erlebt,
desto mehr Freude. –
In der Freude aber wird alles zur Freude.

*

Leben und Kosmos bleiben Rätsel
– direkt Geheimnis – für den Menschen.
Suche und Fortschritt des Menschen
konnten nicht einmal
den Schleier des Geheimnisses berühren.
Das Licht der Erkenntnis des Menschen
weist auf mehr Dunkelheit hin.
Nur das Feuer des Herzens
bringt wahres Licht
in die Dunkelheit des Erkennens.

42.

Kunst des Lebens
(Zu Koh 9, 1)

Auch das habe ich beobachtet:
Der Mensch kann schon so viel,
daß er glaubt, er kann alles!
In Wirklichkeit kann er soviel wie nichts!

Doch im Entscheidenden ist es anders:
liebt er Gott,
so weiß er, daß Gott ihn liebt!
Liebt er die Menschen,
so wird er als Echo erfahren,
daß die Menschen ihn lieben.
Und das ist Fülle des Lebens!

43.
Liebe ist Fülle
(Zu Koh 9, 2)

Was heißt „Mutter Erde"
und „Lehrerin Geschichte"
und „Vorsehung des barmherzigen Gottes"?
Der Unschuldige hat keine andere Sonne
als der Schuldige,
Katastrophen treffen den Sünder
und machen keinen Halt
vor dem Gerechten;
die Krankheit und der Tod
machen keinen Unterschied
zwischen dem Ehrlichen und Unehrlichen!
Wer in der Liebe ein Maskottchen sieht,
um dem Übel zu entgehen,
sollte sich bald bekehren:
die Liebe in sich selbst
ist schon gütige Vorsehung ...
Fülle des Lebens.

Die Liebe in sich selbst ist schon gütige Vorsehung ...

„Ein lebender Hund ist besser als ein toter Löwe."

44.

Idealismus . . . Realismus
(Zu Koh 9, 3–4)

Was alles im Menschenherz Platz hat:
Böses und Gutes . . .
Freuden und Belastungen . . .
Edles und Gemeines . . .
Idealistisches und Siechtum . . .
Die Phantasien eines Quixote
sind auch Realismus des Herzens!
Und der Realismus eines Sancho Panza
ist Prüfstein für den echten Idealismus!
Quixote und Sancho
sind stärker als der Tod.

*

„Ein lebender Hund
ist besser als ein toter Löwe."–
Die Frage ist:
was ist ein Löwe und was ist ein Hund . . .
und was ist Leben und was ist Tod?

45.

Traum
(Zu Koh 9, 5–6)

Die Lebenden
wollen nicht an den Tod denken,
und die Toten
können nicht an das Leben denken.
Das Leben ist „ein Traum",
wenn man versteht, den Traum Gottes
im Leben zu verwirklichen.

Wie weiß man aber, was der Traum Gottes ist?
Um das zu erkennen,
muß der Mensch zum Träumer werden.

*

Ist das Grab das Ende der Liebe?
Doch die Liebe (Gott) lebt ewig!
Lebt der Haß auch ewig?

46.

Für das Leben

(Zu Koh 9, 7–18)

Hast du Brot und Wein,
so iß dein Brot und trink deinen Wein
mit Freude und Dankbarkeit.
aber teile auch und vor allem
deine Freude und deine Dankbarkeit
mit den anderen.

*

Pflege den guten Geschmack
in der Kleidung und im Auftreten
vor den Menschen.
Auch die Pflege des Geschmacks
ist Pflege der Persönlichkeit
und Aktivierung des Geistes.
Der gute Geschmack
ist das beste Parfum der Sympathie.

*

Schöpf ständig Freude
aus der Verbindung mit deiner Frau,
denn sie bietet dir genug an

Auch die Pflege des Geschmacks ist Pflege der Persönlichkeit.

mit ihrer Freundschaft,
mit ihrem Charme, mit ihrem Reiz,
mit ihren Umarmungen,
mit ihrem Geschlecht!
Achte aufmerksam,
daß deine Frau nicht weniger bei dir findet!
Das alles ist Fülle des Lebens,
Fülle der Liebe und deshalb Segen Gottes.

*

Nütz deine Möglichkeiten aus,
das ist hohe Lebensweisheit!
Lebe aber nicht über deine Möglichkeiten
und strebe auch nicht nach dem Maßlosen,
such die goldene Mitte!
Auch das ist Lebensweisheit.

*

Auch das geschieht oft genug
unter der Sonne:
einer bemüht sich mit viel Fleiß,
sehr gescheit und sehr geschickt,
und er wird vom Pech verfolgt!
Ist das Schicksal eine Wirklichkeit
oder ein Phantom?
Eines wird vom Schicksal nicht beherrscht:
die Liebe.
Ist das schon Erklärung genug
für so viele unerklärliche Vorkommnisse
unter der Sonne?

*

Nütz deine Möglichkeiten aus, das ist hohe Lebensweisheit! Lebe aber nicht über deine Möglichkeiten

Wie oft ist es tragisch für den Menschen,
eine einmalige Gelegenheit zu verpassen!
Es ist von außergewöhnlicher Bedeutung,
Augen immer offen zu halten,
Kopf immer kühl zu bewahren,

Wagnis im richtigen Augenblick
mutig auf sich zu nehmen!

*

Macht ist immer gefährlich,
sie gesellt sich sehr oft zur Dummheit!
Geist ist die Garantie!
Geist aber ohne Ansehen
wird sehr oft von den Menschen
geringgeschätzt oder sogar verachtet.

*

Den Rat des Klugen sollte man immer
anhören und ernstnehmen.
Diktatoren, Despoten, Absolutisten
halten sich und ihre Meinung
und ihre Entscheidungen
für unerläßlicher als den klugen Geist.
Gott bewahre uns vor allen Menschen,
die absolute Befugnisse beanspruchen.

*

Waffen und Kriege
sind in sich selbst immer geistlos
und deshalb unmenschlich.
Wahrheit, Recht, Liebe
unterstehen nie den Waffen.
Die Menschen müßten jedem Menschen
den Gebrauch der Waffen und den Krieg
unmöglich machen.
Ein einziger Verbrecher aber ist fähig,
anderen Menschen Waffen aufzudrängen!

Macht ist immer gefährlich, sie gesellt sich sehr oft zur Dummheit! Geist ist die Garantie!

47.

Spielverderber und Lebenskünstler
(Zu Koh 10, 1–20)

Ein einziger Spielverderber
kann eine ganze Gemeinschaft zersetzen. –
Oft ist die Dummheit verhängnisvoller
als die Bosheit.

*

Reife ist die menschliche Garantie!
Der reife Mensch bleibt ruhig und gütig,
gelassen und gelöst.
Der unreife Mensch
ist leicht intolerant und aufbrausend.

*

Der Beschränkte und Stolze
geht leicht in die Irre
und hält die anderen für „dumm"!

*

Reife ist die menschliche Garantie! Der reife Mensch bleibt ruhig und gütig, gelassen und gelöst.

Gelassenheit bewahrt vor Versagen.
Bewahr die Ruhe auch in der Gefahr,
selbst wenn Mächtige dich bedrohen.

*

Gerade das kommt vor unter der Sonne:
der Mächtige wird leicht blind
und setzt auf wichtige Posten Kriecher,
die fast immer dumm sind,
während er den Rat der Weisen überhört;
er bildet sich ein,
seine Macht sei mächtiger als die Weisheit.

*

Wer mit einer Gefahr droht,
ist oft von dieser Gefahr bedroht.

Wer leichtsinnig mit der Gefahr umgeht,
kann leicht in der Gefahr untergehen.

*

Schwere Aufgaben verlangen viel Können.
Der seichte Mensch unterschätzt das Schwere
und überschätzt sich selbst:
die Folge ist Versagen und Schande.
Der Kluge weiß abzuschätzen!

*

Mit schlechten Werkzeugen
bringt der geniale Mensch
noch Geniales hervor.
Und mit ausgezeichneten Werkzeugen
bringt sogar der mittelmäßige Mensch
noch Gutes hervor.

*

Wozu die Gescheitheit,
wenn man nicht Gescheites tut?

*

Worte aus der Tiefe wirken tief!
Worte ohne Tiefe sind Geschwätz.

*

Der Dumme redet dumm
und merkt es nicht,
deshalb redet er meistens endlos lang!
Maß im Reden
ist immer ein gutes Zeichen . . .
und wohltuend für alle!

*

Sture Arbeit – immer wie gehabt –
bringt den Menschen nicht weiter.

Wozu die Gescheitheit, wenn man nicht Gescheites tut?

Der Mensch mit Geist arbeitet mit Geist!
So wird die Arbeit edler,
und der Mensch geistvoller und geistreicher
durch die Arbeit.

*

Kaum hat jemand
einen verantwortungsvollen Posten
für eine Gemeinschaft,
gleich glaubt er,
einen Ehrenplatz erobert zu haben,
um sich huldigen zu lassen . . .
gleich fängt er an,
Machtansprüche gelten zu lassen.
Ist es so unmöglich, daß Verantwortliche
sich auf ihre Verantwortung konzentrieren?
Selbst Kaiser und Papst müssen sich
vor sich selbst, vor der Menschheit,
vor der Geschichte,
vor Gott verantworten . . .
Sie müssen als Gefragte eine Antwort geben.

*

Mit Bequemlichkeit und Faulheit
baut man kein Haus . . .
und auch keine Gemeinschaft!
Nichtstun ist gewöhnlich
zersetzende Kraft genug,
um eine Gemeinschaft zugrunde zu richten.

*

Wer geistlos und unzufrieden ist,
sucht vergebens Glück im Essen,
Freude im Wein,
Fülle im Geld.

*

Der Mensch mit Geist arbeitet mit Geist! So wird die Arbeit edler.

Vorsicht mit dem Vertrauen
in heiklen Sachen!
Wenn es vor allem um Mächtige geht,
prüf dein Denken und Vorhaben zehnmal
bevor du redest und handelst . . .
In der Konfrontation mit den Mächtigen
siegt selten die Wahrheit . . .
und wer ihnen
eine unangenehme Wahrheit sagt,
wird oft genug von ihnen überrollt!

48.
Die Geheimnisse des Lebens
(Zu Koh 11, 1–10)

Wer aus Liebe schenkt,
schenkt ohne Hintergedanken.
Schenken hat Sinn genug in sich selbst,
wenn die Gabe die Hingabe beinhaltet.
Den fröhlichen Geber liebt Gott!

*

Im Geschäft sei geschickt:
Frömmigkeit und guter Wille
sind nicht immer Garantie für einen Erfolg.
Wenn du dich nicht auskennst,
sei demütig genug, um zu fragen,
und sogar um Hände wegzulassen.

*

Schwangere Wolken bringen Regen,
und wo der Baum hinfällt,
da bleibt er liegen:
Tatsachen mußt du feststellen
und dich damit abfinden.

Schenken hat Sinn genug in sich selbst, wenn die Gabe die Hingabe beinhaltet.

Wo Hoffnung lebendig ist, da wächst der Mut. Den Mutigen gehört die Welt.

Wer fürs erste
nicht ein Ja zur Wahrheit sagt,
wird die Wirklichkeit kaum verändern.

*

Wer nichts wagen will,
wird auch nicht vorwärts kommen.
Wo Hoffnung lebendig ist,
da wächst der Mut.
Den Mutigen gehört die Welt.

*

Das Leben und die Welt
sind voller Geheimnisse!
Weit geheimnisvoller sind die Pläne
und das Walten Gottes.
Dein Denken ist lange nicht unbedingt
das Denken Gottes,
und Gott handelt lange nicht immer
nach deinen Vorstellungen. –
Tue unbedingt das Deine,
und verlaß dich unbedingt auf Gott.
Und dann überlaß dich dem Leben.

*

Dann genieße die Fülle des Lebens,
die Fülle des Lichtes,
die Fülle der Wärme:
das ist die Atmosphäre des Lebens!
Dunkle Tage werden kommen und vergehen . . .
sie sind kaum eines Seufzers wert!
Die tiefe Freude darf nicht aufhören,
sie zeugt von der Liebe
und entfacht die Liebe.
So ist alles Fülle.

*

Bist du jung, so erlebe deine Jugend -
sie ist eine fröhliche Gabe Gottes.

Laß dich von deinem Herzen führen
und lenke deinen Blick
auf die Herrlichkeiten des Lebens
und der Welt.
Alles ist gut,
was mit Dankbarkeit angenommen
und genossen wird.
Gott freut sich mit.

*

Achte auf deine leibliche,
seelische und geistige Gesundheit!
Sie garantiert dir Fülle und Freude ...
Und verpaß keine Zeit,
die Jugend ist kurz ...
sogar das ganze Leben.

49.
Unsterblichkeit und Ewigkeit
(Zu Koh 12, 1–8)

Vergiß Gott in den guten Tagen nicht,
es ist nicht richtig, nur an ihn zu denken,
wenn belastende Tage dich dazu zwingen.
Gott stört in der Jugend nicht,
und Gott bleibt derselbe
im greisen Alter des Menschen.

*

Sonne und Mond werden erlöschen,
aber das Licht der Wahrheit
wird weiterleuchten.
Und wenn nach dem Regen
noch einmal die Wolken kommen,

Laß dich von deinem Herzen führen und lenke deinen Blick auf die Herrlichkeiten des Lebens.

kann auch die Sonne der Freude
im Herzen weiterscheinen.

*

Eines Tages wird alles,
was aus dem Staub stammt,
auf die Erde zurückfallen!
Alles wird im Staub zergehen!
Doch der Atem, der Geist, was Mensch ist,
wird zu Gott zurückkehren.

*

Die letzte und ewige Fülle ist die Liebe,
weil Gott die Liebe ist.

Kohelet war ein Realist. Auch ein Pessimist. Doch in ihm steckte auch ein Optimist.

50.

Epilog: über Kohelet

(Zu Koh 12, 9–11)

Kohelet war ein Realist.
Auch ein Pessimist.
Doch in ihm steckte auch ein Optimist.
Das zeigen seine Sprichwörter.

*

Kohelet ist unsterblich geblieben,
weil er die leidende
und die fragend hoffende Menschheit war
und ist.

*

Deshalb hat Kohelet Worte,
die er aus eigener Erfahrung
und durch Gelehrte und Erfahrene
gefunden hat,
noch einmal geschrieben.

51.

Ein letztes Wort

(Zu Koh 12, 11–14)

Im übrigen, merk es dir, mein Sohn:
Es werden viele – zu viele --
Bücher geschrieben.
Such die guten!
Und mach sie dir zu eigen.

*

Doch schließlich gilt dir und allen
auch das Wort:
nur eines ist notwendig!
Liebe, liebe Gott,
liebe alle Menschen, liebe die ganze Welt!
Achte auf das Edle
in Freundschaft und Gemeinschaft.

*

Gott hat seine Freude,
mit den Menschen zu spielen.
Und die Menschen, die mit ihm spielen,
werden das Gericht verpassen,
denn für die, die mit ihm spielen,
gibt es kein Gericht.

Achte auf das Edle in Freundschaft und Gemeinschaft.

Für dich, Freund

Das Leben ist eine Gelegenheit,
nütz sie aus!

Das Leben ist Schönheit,
bewundere sie!

Das Leben ist ein Traum,
mach aus ihm eine Wirklichkeit!

Das Leben ist eine Herausforderung,
nimm sie auf!

Das Leben ist eine Pflicht,
erfülle sie!

Das Leben ist ein Spiel,
spiel es!

Das Leben ist wertvoll,
geh behutsam mit ihm um!

Das Leben ist Reichtum,
bewahre ihn!

Das Leben ist Liebe,
genieße sie!

Das Leben ist ein Rätsel,
entschleiere es!

Das Leben ist Traurigkeit,
überwinde sie!

Das Leben ist eine Hymne,
singe sie!

Das Leben ist ein Kampf,
nimm ihn an!

Das Leben ist eine Tragödie,
beherrsche sie!

Das Leben ist ein Abenteuer,
pack zu!

Das Leben ist Glück,
mach dich seiner würdig!

Das Leben ist Leben,
verteidige es!

Sai Baba

NAMENREGISTER

SACHREGISTER

QUELLENHINWEIS

Seite 11–46: „Wahre Liebe“: in „Wesentliches für wache Christen“, 9. Auflage, Hermagoras-Verlag Klagenfurt-Wien 1993, Seite 57–101 (für dieses Buch neu erarbeitet). Einiges ist auch entnommen aus dem Heft „Bund der Freundlichkeit“, 14. Auflage, Hermagoras-Verlag Klagenfurt-Wien 1990.

Seite 47–84: „Die Weite der Liebe – Gedankensplitter über das Edle“; als Heft mit demselben Titel herausgegeben im Hermagoras Verlag Klagenfurt-Wien 1998.

Seite 103–128: „Freude – Elixier für Leib und Seele“; als Heft mit demselben Titel herausgegeben im Hermagoras-Verlag Klagenfurt-Wien 1994, 2. Auflage.

Seite 131–172: „Für die Freiheit“: als Heft mit demselben Titel herausgegeben im Hermagoras-Verlag Klagenfurt-Wien 1994, 2. Auflage.

Seite 175–226: „Windhauch oder Lebensfülle?“: als Heft mit dem Titel „Windhauch oder Lebensfülle? Auch in mir lebt Kohelet“ herausgegeben im Hermagoras-Verlag Klagenfurt-Wien 1990, 2. Auflage.